Gregor Arzt

Lasst uns nicht länger warten

Gregor Arzt

# Lasst uns nicht länger warten

## Verse für einen Bund zwischen Erde und Mensch

URACHHAUS

Für Hendrikje

ISBN 978-3-8251-5288-8

Erschienen im Verlag Urachhaus
www.urachhaus.de


Umschlaggestaltung und Satz: Klaus H. Pfeiffer
Umschlagabbildungen aus stock.adobe.com:

# *Inhalt*

»Die Natur ist das zerbrochene Alphabet des ganzen Menschen.«

*Gregor Arzt*

# Vorwort

Dieses Büchlein zeigt, dass es eine zeitgemäße Poesie gibt, welche sich nicht nur aus den Wortschätzen eines Dichters, sondern aus dem realen Dialog mit Orten der Erde entwickeln kann – eine Zwiesprache sogar im Besonderen mit den Orten, die nicht im Reiseführer angepriesen werden, mit verlassenen, verwundeten, geschundenen, traumatisierten Orten. Und mit Orten, die sogar hässlich sein können.

Diese Orte hat Gregor Arzt seit seiner frühen Kindheit mit Neugier, Hingabe und innerem Verlangen aufgesucht. Beginnend als Zehnjähriger, mit dem Fahrrad, jahrelang Europa und sogar Osteuropa erkundend und mit den erwachsenen Jahren auch öffentliche Transportwege nutzend, bis hinter die europäischen Grenzen, bis hin zur übersinnlichen Wahrnehmung der kosmischen Orte, Sterne und Planeten, das war zeitlebens sein Anliegen.

Dabei ging es ihm um ein neues Verhältnis zwischen Erde und Mensch vor dem Hintergrund einer urchristlichen Haltung, die schon Parzivals Einweihungsfrage zu Grunde lag: Wie geht es Dir?

Und gleich darauf: Was brauchst Du?

Denn neben allem, was uns heute so ohnmächtig zu machen scheint, wenn wir nur Zeuge und oft auch unfreiwillige Mittäter der Verschmutzung der Erde werden, gibt es etwas Heilsames, was wir fern aller großen monetären Investitionen oder globaler, von uns nicht steuerbarer Unterlassungen tun können. Das ist eigentlich das Gleiche, was wir auch für uns benötigen, wenn wir verwundet und verlassen wurden.

Dass wir gesehen werden! Dass es jemanden gibt, der an unserer Seite das Unfassbare in Worte fasst und uns wieder in unsere Würde führt – dann kann Heilung beginnen. Und das Heilsamste bleibt der authentische Kontakt. Diesen Kontakt mit der Erde in Worte zu fassen, ja sogar in Worten zu verdichten, ist eine ungewöhnliche Fähigkeit von Gregor Arzt gewesen. Und nicht nur das, er konnte im Kontakt mit den Orten, den unsichtbaren Wesenheiten oder den geschundenen Seelen, die vielleicht an einem Ort unfreiwillig sterben mussten, den Christusanteil aufspüren, der die heilende Transformation möglich machen kann: Das Verzeihen. Die Gnade wieder finden, die in dieser gnadenlosen Zeit so rar geworden ist.

Wenn ich von Gregor Arzt in der Vergangenheitsform spreche, dann deshalb, weil er am 17. Oktober 2022 völlig unerwartet, plötzlich und unerklärlich gestorben ist. Er hinterlässt eine unglaubliche Lücke, denn selten haben geistig tätige Menschen so einen heilsamen Einfluss nicht nur auf ihre Umgebung genommen, sondern auch vielen

Menschen und Schülern der Geomantie (Erdheilung) wohlwollend einen Raum eröffnet, den sie womöglich ohne ihn nicht betreten hätten. Er hatte die Fähigkeit, jeden seinen Weg in die übersinnliche Wahrnehmung finden zu lassen. Fern von schnellem Urteil oder voreiliger Bewertung, versah er jedes kleine Indiz wertschätzend mit Aufmerksamkeit, wo viele selbst ihren eigenen Ergebnissen wenig abzugewinnen wussten.

Die Fülle seines Zeichen- und Bildverständnisses war ein Reichtum, der uns nun leider kaum mehr zur Verfügung steht, außer: in seinen Gedichten. Er konnte da oft bildliche Zusammenhänge finden, die wenigen Menschen so ohne Weiteres zugänglich waren.

Ich freue mich, dass es möglich geworden ist, diesen Schatz jetzt für jeden zu heben. Aus jedem dieser Gedichte spricht eine geistige Begegnung, deren göttlicher Funke entschlüsselt werden musste, das war Gregors größte Leidenschaft. Dies galt für das Wort wie auch für die Musik, die seine zweite Leidenschaft war. Er hinterlässt seine Frau, die ihn 33 Jahre begleitet hat, vier Kinder, einen Enkel und viele Tiere auf dem Undinenhof im Havelland. Möge dieses Buch dazu beitragen, diesen selbstlosen Forscher nicht zu vergessen. Möge er uns auf der anderen Seite Ratgeber und Begleiter bleiben.

Barnewitz, den 21. November 2022
Hendrikje Arzt

# Einleitung

Können Sie sich vorstellen, dass die Erde lebt, Glück und Leid empfindet, hofft, fühlt und denkt, wie auch Sie selbst? Dass ihr viel daran gelegen ist, mit Ihnen ins Gespräch zu kommen? Spüren Sie, dass auch Ihre eigene Seele sich nach diesem Gespräch sehnt?

Und wenn dies so wäre: Wie könnte es zustande kommen? Ein solches Gespräch ist bisher ja noch nicht gerade üblich und wird auch nicht in der Schule oder an unseren Universitäten gelehrt. Was müsste ich in mir verändern, damit meine Ohren nicht mehr taub sind dafür? Wie könnte ich das üben, wie könnte ich vielleicht neue Wahrnehmungsorgane dafür entwickeln?

In diesem Buch finden Sie Beispiele dafür, was die Erde dem Menschen gegenwärtig gerne mitteilen möchte. Es sind Beispiele für das, was hörbar werden kann, wenn wir beginnen, ihr geduldig und hingebungsvoll zuzuhören, uns von ihr berühren lassen. Was dann empfangen werden kann, es kann aufrütteln, erstaunen und nachdenklich machen – aber auch glücklich und hoffnungsvoll. Wir sind nicht allein auf diesem Planeten. Es gibt eine liebe- und weisheitsvolle Bewusstseinsebene, die uns in unserer Entwicklung begleitet. Die Erde möchte alles daransetzen, dass die Entwicklung der Menschheit einen guten Weg nimmt.

Und was wäre, wenn nicht nur einzelne Menschen, sondern ganze Gesellschaften mit ihren Institutionen begännen, nach der ungeheuren Lebensweisheit der Erde zu fragen und für die anstehenden Entscheidungsprozesse um Rat zu bitten? Wir alle wissen: Guter Rat ist in der gegenwärtigen Lage der Menschheit teuer. Gut weiter navigieren werden wir nur können, wenn wir die geistigen Rahmenbedingungen und Zielsetzungen unserer Erdenfahrt nicht aus dem Blick verlieren.

Da die Mitteilungen der Erde nicht immer direkt in der verbalen Sprache der Menschen erfolgen, sondern zunächst überwiegend nonverbaler Natur sind, bedarf es der Entschlüsselung und Übersetzung. Daraus erschließt sich auch die eigentliche Wortbedeutung meines Metiers, der Geomantie: Deutung der Zeichen, die die Erde uns gibt. Diese Zeichen sind den Menschen von alters her in allen Kulturen aufgefallen. Früh wurde die Möglichkeit erkannt, sie durch Formen der Weissagung als guten Rat für die Angelegenheiten der Menschen anzunehmen. Heute kommt diese Vermittlungstätigkeit nicht mehr speziellen Orakelplätzen und den dort agierenden Priesterkasten zu, sondern sie ist grundsätzlich jedem dafür offenen Menschen überall zugänglich. Es wird sehr spannend werden, ob es uns gelingt, sie zukünftig auch in demokratischen Entscheidungsprozessen fruchtbar werden zu lassen. Ich erlebe mich dabei in den letzten Jahren mit anderen wie hereinhörend und vorformulierend in eine Präambel für eine zukünftige gemeinsame Verfassung von Mensch, Natur und Erde.

## Warum in Gedichtform?

Ich stehe nicht im Verdacht, mich zeitlebens intensiv mit Lyrik auseinandergesetzt zu haben. Selbst noch während meines Studiums der Literatur- und Musikwissenschaften interessierten mich Gedichte nicht. Ich unterlag dem Vorurteil, Gedichte wären wohl Schauplätze mehr oder weniger zufälliger, subjektiver Gefühlswelten. Das änderte sich erst, als ich während einer Sommeruniversität 1990 in Stuttgart der Sprachgestalterin und Germanistin Caroline Wispler begegnete. Anhand von Gedichten Hölderlins und Celans öffnete sie mein Verstehen für eine Ebene, die wir in nüchtern wissenschaftlichen Texten kaum betreten können und die dennoch von einer ungeheuren Welthaltigkeit ist. Da wird ein heiliger Raum hörbar, aus dem die einzelne Menschenseele in der ganzen ihr zukommenden Würde spricht auf der Erde. Dieser Raum ist durch das Wesen der Sprache über zahlreiche Kultur- und Zeitepochen mit dem Ganzen der Menschheit verbunden – und mit dem, was aus dem Kosmos wesenhaft einwirkt.

Dennoch habe ich bis 2010 ernsthaft nicht ein einziges Gedicht geschrieben. In den ersten Jahren meiner Tätigkeit als Geomant – etwa ab der Jahrtausendwende – erhielt ich an den Orten, an denen ich mich in das Gespräch mit der Erde vertiefte, Imaginationen. Ich stellte der Erde eine einfache Frage, bei Heilungsarbeiten zumeist: *Wie geht es Dir hier?* Und sie antwortete mir in Form von Bildern, die ich bei geschlossenen Augen erhielt. Es ging nun darum, diese Bilder zu verstehen, und es genügte mir, das, was ich verstanden hatte, in diskursiver Weise zum Ausdruck zu bringen. Dabei bediente ich mich der Fähigkeiten, die ich während des Studiums durch Methoden der Interpretation verbaler und nonverbaler Texte erworben hatte. Hilfreich waren Kenntnisse aus der Semiotik, der allgemeinen Zeichentheorie. Die Fähigkeit zur Einfühlung in den Zustand eines Wesens war zwischenzeitlich wenigstens anfänglich hinzugekommen. Fühlte sich die Erde an einem ihrer Orte von mir verstanden, breitete sich ein Gefühl der Stimmigkeit und Entlastung aus, und die Anwesenheit wirkender Heilkräfte war spürbar und in ihren Auswirkungen auf die Lebensumstände der Menschen vor Ort wahrnehmbar.

Ab 2010 war ich als Geomant arbeitsmäßig so ausgelastet, dass es mir bald einmal während des Leitens eines Geomantie-Arbeitskreises abends so geschah: Im Sitzen mit geschlossenen Augen meditierend und auf Bilder wartend, nickte ich ein. Um mich nicht zu blamieren und nicht wieder einzuschlafen, setzte ich die Meditation im Stehen fort. Dabei bemerkte ich, dass meine Arme fast unmerklich und wie von alleine bewegt wurden. Im Laufe der nächsten Wochen und Monate lernte ich, diese Bewegungen zuzulassen und systematisch zu beobachten. Ich erkannte, dass sich mir nun zusätzlich zu den Bildern eine weitere Ebene der übersinnlichen Wahrnehmung erschloss. Botschaften erschienen nun in mimisch, gestisch und rhythmisch codierter Form. Bei der Entschlüsselung stellte ich fest, dass beliebig komplexe Botschaften auch auf diese Weise, ähnlich wie durch Gebärdensprache, übermittelt werden konnten. Immer noch reichte es, sie in nüchtern prosaische Form übersetzt mitzuteilen. Doch manchmal, gegen Ende dieses Bewegt-Werdens, geschah es, dass plötzlich ein einziges Wort in mir erklang. Ich wusste, es entstammte nicht meiner eigenen inneren Stimme. Es fiel herab in mein Bewusstsein wie ein einzelner Tropfen auf eine glatte Wasseroberfläche. Und es begann, Kreise zu ziehen. Ein zweiter Worttropfen konnte fallen.

Ob und wann ein solcher Tropfen im Verlauf einer geomantischen Meditation fallen wird, weiß ich bis heute nicht. Zwischen einzelnen Wellenmustern entstehen Muster und Beziehungen. Sobald ich einen Zipfel des möglichen Sinns der Botschaft intuitiv erfasse, ergibt sich nach und nach so etwas wie ein Gerüst zwischen den Worten, aus dem sich dann der Aufbau eines Gedichtes in Zeilen, Silben und Rhythmen herauszuschälen beginnt. Je mehr das geschieht, desto aktiver werde ich als mitschaffender Dichter, erkennender Geistesforscher und Heiler. Gegen Ende dieses Prozesses, nach gut 75 Minuten, liegt der Text auf der Hand. Ich verbessere und feile daran noch etwas, wenn ich ihn später eintippe. Bis heute entstehen von meiner Hand nur aus diesem Anlass Gedichte. Etliche weitere davon finden Sie in meinem 2019 erschienenen Buch *Chakren der Erde – Spiegel der Menschheit*. Dort sind sie in ihren Entstehungskontext der geomantischen Heilungs- und Erkenntnisarbeiten in

Deutschland und Europa gestellt. Dieser ist in *Lasst uns nicht länger warten* nur gelegentlich angedeutet, weil die Gedichte für sich sprechen.

Wie auch immer sich für Sie der Weg ergeben sollte: Was die Erde uns mitteilen möchte, erschließt sich durch geduldiges Fragen und Gehen, Meditieren zuhause und auf Reisen in Landschaften und Städten, allein und in Gruppen. Die in diesem Band gesammelten Gedichte sind eine Auswahl aus vielen, die in den vergangenen zehn Jahren im Zusammenhang mit meinen geomantischen Forschungs- und Heilungsprojekten entstanden sind. Zu jedem von ihnen gehört eine Angabe, an welchem Tag es an welchem Ort entstanden ist. Fehlt diese Angabe, ist es womöglich im Zusammenhang mit einer geomantischen Hausuntersuchung oder Beratung entstanden, bei denen ich der Schweigepflicht unterliege.

Es wird zu Beginn etwas ungewohnt sein, zu entscheiden, wer denn eigentlich in diesen Gedichten spricht. Es ist aber ganz einfach: Solange der Text kursiv gedruckt ist, spricht das Bewusstsein der Erde an diesem Ort. Der grammatischen Form nach spricht es vielleicht zu mir, gemeint ist aber in den meisten Fällen der Mensch allgemein. Ist der Text innerhalb des Gedichtes recte, also steil gedruckt, spreche ich, indem ich das Ortsbewusstsein frage oder bete.

Sie werden feststellen, die Gedichte sind nicht wirklich kompliziert gebaut. Die Herausforderung besteht vielleicht eher darin, den Strom dessen, was sich uns schenken möchte, auch für möglich zu halten und annehmen zu können. Es hilft, die Gedichte sich und einander laut vorzulesen. Es entwickelt sich dann leichter ein Gefühl dafür, dass sich hier Wesenhaftes mitteilt. Man kann durchaus unterschiedliche Diktionen im Vergleich der Gedichte ausmachen. Ich spüre daran das Wesen Erde jeweils in einer seiner uns innig zugewandten Erscheinungsformen sprechen.

Es wirkte und wirkt auch heute noch mehr als alles andere die innere Haltung eines lehrenden Menschen am meisten auf mich. Ist diese Haltung stimmig und von freilassender Zugewandtheit durchdrungen, kann ich gut lernen. So ging es mir auch schon, als ich von 1990 an Caroline Wispler zuhören durfte. Umso mehr freut es mich, dass sie ab 2010 die Entstehung vieler Gedichte mit anhaltendem Interesse mitverfolgt hat und mich mit mancherlei Rat und Tat ermutigt hat, damit fortzufahren. Und so ist auch ihr liebevoller und kundiger Blick darauf diesem Band zugutegekommen, wofür ich ihr hier allerherzlichsten Dank sagen möchte. Verlagsleiter Michael Stehle hat das Buchprojekt wohlwollend betreut. Die Entstehung der Gedichte wurde durch meine Frau Hendrikje in vielerlei Hinsicht überhaupt erst ermöglicht. So möchte ich diesen Band ihr widmen.

30. September 2021
Gregor Arzt

# Bereit für den Bund

## *Was jetzt geschehen möchte*

(Arbeitskreis Geomantie Berlin an einer Eichengruppe in der Wuhlheide, unter Beachtung der Abstandsregeln, 20.4.2020)

*Zusammen gehen wir durchs Tor,*
*Das gab es so niemals zuvor,*
*Mensch, Erde, Bäume, Himmelsräume.*

*Das ist selbst für erfahr'ne Engel,*
*Baumwesen und weise Menschen*
*Neu, wir wissen alle noch nicht,*
*Wie wir miteinander treu*
*Das gerade erst ensteh'nde Land*
*Auf guten Wegen wollen lenken.*

*So sammeln wir uns nun am Quell,*
*Aus dem wir alle stammen hell,*
*Uns zu berühren und, was dann*
*Zu tun ist, zu bedenken.*

## *Anthropo-Sophia, über den Polarstern einsprechend*

(Märkisch Luch, 19.8.2020)

*Gleichmäßig wird das kostbare Gut gespendet*
*In alle Richtungen, zu allen Völkern und Zeiten.*

*Wir verneigen uns vor Euch, wenn wir es geben,*
*Einer jeden, einem jeden.*
*Es kann inniger, liebevoller,*
*Persönlicher nicht gemeint sein.*
*Wir sagen es Euch zu durch alle Ewigkeiten.*

*Wollt Ihr den Acker, die Schale, es zu empfangen,*
*bereiten? Wollt Ihr es aufziehen, wachsen lassen,*
*erhöhen, wollt Ihr's zum Blühen bringen,*
*da Ihr die Augen aufschlagt, Euch selbst in*
*unserem Blick zu erkennen?*

*Wollt Ihr, wie wir Euch liebgetan,*
*Die ganze Schöpfung aufs Neue*
*anschauen, benennen?*
*Und all die Hoffnungen, Sehnsüchte stillen,*
*Die in ihr nach Euch brennen?*
*Wollt Ihr*
*Mit leuchtendem, klingendem Erdenstern*
*Das göttliche Wort bekennen?*

Der Text wurde als Antwort auf die Frage gegeben, ob wir in Dornach heute das geistige Zentrum der Anthroposophie finden können.

## *Feen über Feuerland*

(Barnewitz, 26.1.2021)

*Von unserer Geschichte erzählen, singen wir.*
*Eine jede Stimme von uns ist stark,*
*Weil sie in der anderen wurzelt,*
*Von ihr gehalten wird*
*In schwesterlicher und brüderlicher Einigkeit –*

*Ihr hättet dabei sein können!*
*Ihr hättet dabei sein können!*

*Wir tragen nicht nach, wir tanzen, singen weiter.*
*An vielen Stellen enthält unsere Kette einen*
*Freiraum. Das wäre dort, wo Du Dich einreihen*
*könntest in unseren Tanz, dass das Feld ganz*
*geschlossen wäre, und Du führtest uns,*
*nun erwacht in uns, heiter an, und wir webten*
*gemeinsam ein Bild, das noch nie dagewesen,*
*voller Inbrunst, voller Leben!*

*Es wäre leicht, Dich in der Liebe*
*Kommen und gehen zu lassen,*
*Dass alle Freiheit wehen könnte*
*Und warm umfasset wäre.*

*Und so, wie wir verbunden sind*
*in dem heitersten Tanze, voll und ganz,*
*würden wir uns gießen mit Euch*
*in den erntesten Tempeldienst*
*und die tiefsten Fragen des Menschseins,*
*fest füreinander einstehend, einander haltend,*
*einander erkennend in dem dunkelsten Glanz.*

## *Labyrinth vor dem Magdeburger Dom, oder: Wie der kosmische Same reift*

(Päwesin, Bagower Berg, 7.10.19)

*Die Erde ist gebaut aus Lebenswegen,*
*Labyrinthisch kehrend, schalenartig*
*Um- und ineinander tief verschlungen,*
*Und alles, was auf ihr jemals getan, geschaut,*
*Vom kleinsten Käferleben bis zum Klang*
*Der Himmelshierarchien,*
*Es wird von uns getragen, überblickt,*
*Und bis zum Ende aller Tage noch besungen.*

*Wir werden sie so lange treu Euch halten,*
*Bis dass der Letzte, um sich selbst*
*In Euch einst zu erkennen,*
*In ihre Mitte durchgedrungen ist.*

## *Vom Gebirge her wird uns gesagt*

(Brentenjoch, mit Blick aufs Inntal
und den Wilden Kaiser, 7.3.2020)

*Naturgesetz ist, wie die göttliche Ordnung*
*Stufe um Stufe herabkommt zur Erde*
*Und auf jeder Ebene Säle der Begegnung schafft,*
*So, wie in Dir Wirbel auf Wirbel folgen*
*Und Rippe um Rippe paarig ausgreift,*
*Den Raum zu schaffen für das schlagende Herz.*

*So begegnen sich Tiere, Menschen, Engel,*
*Wesen offenen Herzens, einander durchpulsend,*
*bildend auf ihren Stufen der Entwicklung,*
*Vom Himmel kommend, einander Rat schaffend,*
*Von der Erde her sich aufrichtend,*
*Die Gaben des Himmels empfangend.*

*Und Du, Mensch, stehe in diesen Räumen in Deiner*
*Verantwortung. Sei Statthalter der Schönheit der Erde*
*Und der Würde des Menschen.*
*Erforsche all dies sehr treulich,*
*Sei Herold des göttlichen Wortes,*
*Segne die Schwestern und Brüder,*
*Sag ihnen zu alles, was Du für sie zu tun vermagst.*

*Taufet einander auf Eure heiligen Namen,*
*Seid Priesterinnen und Priester*
*Der Gemeinschaft der Schöpfung,*
*Seid Freundinnen und Freunde.*

## *Auftrag der alternden Erde an einen frischen Absolventenkurs der Geomantie*

(Lichtung oberhalb von Dreisbach an einem warmen Frühlingstag. In einem Teich paaren sich Hunderte von Kröten am 8.4.2018)

*Glaube mir*
*Du kannst Dir nicht vorstellen,*
*Welche Last ich trage,*
*Da längst nicht alle Menschen überzeugt sind,*
*Dass ich sie nur ein klein wenig noch überrage.*
*Die Menschenwesen werden*
*Nach und nach nun reif.*

*Wollen sie die Neue Erde*
*Aus sich selbst und mir gebären,*
*So mögen sie beginnen bitte bald,*
*Bevor ich an den letzten Gliedern,*
*Die mir noch geblieben,*
*Werde steif und kalt.*

## *Rote Göttin des Westerwaldes an einem Spätsommertag*

(Niederdresselndorf, 3.9.2016)

*Ich kann mein Glück gar nicht fassen,*
*dass ich all das für Dich tragen darf, geliebter Mensch:*
*all dies Blühen und Fruchten.*
*Ja, ich trage es für Dich als meinen Leib*
*und es entspringt der Liebe meines Herzens,*
*unter meiner grünen Haut, in der Tiefe der Erde.*

*Mein Herz brennt für Dich.*
*Ich stelle keine Bedingungen.*
*Ich habe keine Erwartungen an Dich.*
*Ich stehe hier: nackt, verletzlich.*

*Du wirst mich in dem Zustand hier antreffen,*
*wie Du zuvor mit mir umgegangen bist.*
*Hast Du mich angenommen und geliebt und gepflegt,*
*so wird meine Schönheit grenzenlos für Dich blühen.*
*Du kannst es auch schon*
*an Deinem eigenen Leib so erleben:*
*Nimmst Du ihn an, liebst und pflegst Du ihn gut?*
*Oder schämst Du Dich seiner –*
*schämst Du Dich meiner?*

*Es streicheln Dich die Winde.*
*Sonnenstrahlen züngeln wärmend an Dir.*
*Es jauchzen meine Gewässer vor Freude,*
*Dich in sich aufzunehmen.*
*Es trägt Dich in fester Treue die Erde.*
*All das, denke es bitte auch, kann morgen schon*
*wüst und leer sein, wenn Du mich zerstörst.*

## *Tagebuchblatt für Deutschland*

(Göttinnen-Atmungspunkte von Deutschland, Hainich, 8.9.12)

*Wenn wir uns hören*
*– Du der Mensch, wir der Wald und Berg –,*
*Erwachsen auch die Mittel,*
*Dass sich die Lebenswege*
*Von Mensch und Erde vereinen können.*

*Noch reden wir aneinander vorbei.*
*Ihr sucht Euch selbst in Euren Tagebüchern.*
*Wir schreiben das Buch des Lebens, Tag für Tag.*
*Noch warten wir darauf, dass Ihr Euch wieder*
*In uns erkennt und Euch nicht mehr im Ich verrennt.*

*Wo Ihr Euch am fernsten von uns wähnt*
*in diesem Land, In den großen Städten,*
*in Euren Schlafzimmern, In den Betten der Kliniken,*
*in Einsamkeit, Alleinsein und Suche nach Nähe,*
*Da sind wir Euch nah und gießen und pflegen*
*Euren Seelenacker mit unseren Tränen.*

*Wenn wir uns hören,*
*Werden wir wieder gemeinsam säen und ernten,*
*Wir in Euch und Ihr in uns,*
*Und unsere Tage gemeinsam schreiben*
*Im Buch des Lebens.*

## *Johannes der Täufer, nach der Enthauptung*

(Potsdam, 10.11.2015)

*Lange danach war ihm die Durchtrennung jeder einzelnen Faser seines Halses erinnerlich. Das Durchbrechen der Halswirbelsäule. Dann sagte Christus:*

*Jetzt werde Du erst recht sanftmütig.*
*Setze das Wort heraus.*
*Traue den Früchten deiner Ohren.*
*Werde Du, gänzlich verstümmelt, gänzlich heil.*
*Lass deine Augen übergehen.*
*Male mit den Brauen, mit den Wimpern*
*den Regenbogen, die Morgenröte.*
*Weine den Tau.*
*Halte mit Deinen Zähnen die Gebirge zusammen.*

*Deine Stirn sei der Erdboden,*
*Die Nasenlöcher der Vogelflug.*
*In Deinem Schädel das tiefe Schweigen der Wälder.*
*Werde Du älter und älter, bis dass alles, was je*
*auf der Erde gewesen ist, Dich gesehen hat.*
*Von dort komme zurück zu mir.*
*Ich gebe Dir dann Beine,*
*mit denen Du wieder gehen kannst.*

*Viele Wege noch wirst Du zusammen*
*mit mir auf der Erde gehen.*
*Und was immer Dein Fuß berühren wird,*
*Wird die lichte Reinheit des Lebens in sich fassen.*

## *Mein Schutzengel sagt*

(Walbeck, 2.12.2018)

*Mein Herz, mein liebes Glück,*

*Manche Zeilen möchte ich*
*gemeinsam mit Dir schreiben,*
*Mit ruhigerem Puls und weniger*
*des Blutes Druck,*
*Denn wir müssen gar nicht denkend eilen,*
*Sondern aufgeregte Seelen heilen.*

*Wir wollen sie ganz sachte holen*
*Und bringen zu sich selbst zurück.*

## *Baumgeist in mir*

(Oberhalb der Fluss-Schleife von Clerveaux / Clerf, Luxemburg, 15.3.2019)

*Wie seltsam, nun aus Deinem Aug'*
*herauszuschauen, und das, was Ihr*
*als Pflanze kennt, einstweilen zu bestaunen,*
*und auch, was Ihr der Welt Geräusche nennt,*
*zu hören.*

*Ich sehe, wie sich über den verletzten Stumpf*
*Heiles Fleisch von mir nun wölbet,*
*Frische Trieb' nach allen Seiten streben,*
*Und doch ist's mir, als könnte ich hernach*
*Nur durch Dein fühlend Herz,*
*Das außerhalb von mir noch schlägt,*
*Ins Leben treten.*

*So muss ich sehen:*
*Ich war schon immer, Dir ganz nah, dabei.*
*Du bliebest nur, in Deiner Eil,*
*Nie lang genug auch bei mir stehen.*

*Woll'n künftig wir das Wachsen und Erkennen in*
*Uns einen, so nimm Dir alle Zeit der Welt*
*Und komm mit uns und Dir im Hier ins Reine.*

*Wir sehnen uns schon lang nach Dir*
*Und können erst, wenn Du mit Deinem Herz*
*Die ganze Erde spürst,*
*Den Lebenstempel mit Dir weihen:*
*Wir können's nicht alleine.*

## *Am Kernkraftwerk Biblis*

(21.1.2019)

*Wie eine Eisblume,*
*Die Du mit dem Fön bearbeitest:*
*Das Wasser tropft aus,*
*Du kannst es trinken.*
*Doch Du zerstörst – auch –*
*Den zarten Hauch der Götter*
*Und kannst Ihn danach*
*Nirgendwo mehr finden.*

*Du lauschst in die Leere*
*Der Dich noch umgebenden Welt*
*Und kannst sie nicht füllen*
*Mit all dem vielen Geld,*
*An dem Du erfroren:*
*Die Heimat im Himmel*
*Hast Du verloren.*

*Nun musst Du, mein Lieber, alleine aufs Eis*
*Und üben, ganz leise und nackt, die Weis',*
*Wie Deiner Seelen Sehnsucht*
*Engeln hörbar kommt zum Klingen*
*Und in den Dingen zum Schwingen:*
*Möge es Dir gelingen!*

## *»Gestörter Ort« am Waldrand, Tailfingen-Stiegel*

(Schwäbische Alb, 13.9.2015)

*Es ist »da« im Wald
Und es ist genauso in Dir
Und dort hinten in den Häusern.*

*Es ist im Wasser,
Es ist in der Erde
Und es ist in jedem Grashalm auf der Wiese.*

*Sogar im Himmel ist es
Und im Gespräch des Himmels mit der Erde.
Überall werden aus der Tiefe
die Schätze des Lebens gefördert.
Unter Mühen und Qualen
werden sie unentwegt geboren.*

*Es ist Deine Geburt, oh Mensch,
Die Du, Dich selbst erkennend, leitest
Und wir, die Bäume, stehn Dir darin
Wie eine Hebamme bei.*

Dieses Gedicht entstand an einem Ort, von dem ich geglaubt hatte, er wäre gestört und ich wäre als Heiler aufgerufen, zu heilen.

# Wer ist dabei?

## *Himmel und Erde*

## *Der Himmel an die Erde im Harz*

(Talsperre Neuhaus, 10.8.2013)

*Zärtlich wie der Schnee komm ich zu Dir*
*Lächelnd wie ein Kind träumst Du von mir*

*Du erwachst, erzählst mir Deinen Traum*
*Es sprudeln Deine Quellen*
*Und Knospen regen sich im Baum*

*Und tief in Dir wächst der Kristall*
*Zu strahlen Menschenherzenlicht ins All*

## *Wetter – Wettergeist auf dem Gollenberg*

(Stölln, 13.6.2019)

*Ich streiche die Wipfel der Wälder entlang,*
*und über die Felder.*
*Ich rieche jeden einzelnen Halm,*
*Jedes Härchen auf der Haut meiner Geliebten,*
*der Erde.*

*Wir werden immer noch älter und älter,*
*Und irgendwann, irgendwann:*
*Ganz, ganz jung.*

*Wenn Ihr es geschafft habt,*
*Euch liebzuhaben, wie wir.*
*Dass der eine nicht ohne den anderen sein kann*
*Und ihn so sein lassen kann, wie er ist,*

*Wenn Ihr einander beschenkt mit dem Leben*
*Für Leib und Seele und Geist.*

## *Einladung*

(bei Vreden, 24.6.2018)

*Komm!*
*Komm auch Du, und Du,*
*Komm, hab den Mut,*
*Mit allem, was Du kannst,*
*Hinein in unseren Tanz!*

*Du störst hier nicht, es kommt*
*Uns an auf Dein Gesicht.*
*Du, nähe ein den Faden*
*Deines Lebens fein in das Geweb',*
*sonst wird's das Bild der Erd*
*Nie voll und ganz*
*Am Zeitenende geben.*

*Wir warten Deiner lange schon!*
*Es fehlt uns Deiner Liebe Ton.*
*Nur Du kannst einst vollenden*
*Der Menschheit langer Reisen Ziel*
*Mit Deinen lieben Händen.*

## *In der Wolfzahnau*

(Augsburg, 8.3.2020)

Dir, Erd, verdanke ich den Leib,
Mein Wachsen und mein Werden,
Mein Leben in der Jahreszeit,
Mein Reifen und mein Sterben.

Darf ich auch Dich in meines Wesens Welt
Behüten, pflegen, nähren,
Auch Dir errichten heilig Zelt
Und Dich mit Innigkeit verehren?

Wolltest auch Du dereinst, wie Du mir liebgetan,
Neugebor'n in meinen Armen liegen,
Trage auch ich in mir von Anfang an
Den Samen neuer Welten aus der Liebe?

# Die Elemente

## *Ätherelementarwesen in Gelsenkirchen*

(19.6.2012)

*Wo immer Heilung nötig ist*
*Reicht mein Arm hin.*
*Wenn Du den Mut hast, hinzugehn,*
*Findet sich immer ein Ausweg,*
*Egal, wie bös es erscheint.*

*Ich steh jetzt hier für tausend Jahr.*
*So lang kannst Du es üben.*

## *Im Ellenbachtal*

(Saarbrücken, 27.10.2018)

Eine dem Saarbrücker Verkehrsflughafen benachbarte Gesellschaft von Bächen, Wiesen und Bäumen sagt den Passagieren eines gerade abhebenden Düsenflugzeugs:

*Alles Leben kommt aus Wassern,*
*Wo wir es mit Flossenschlägen*
*Besser noch zum Klingen bringen,*
*Und es kann mit weiten Schwingen*
*Töne in der Luft erringen.*

*Euch gaben wir einst zwei Beine*
*Dass Ihr wandeln könnt: alleine*
*Oder in Gesellschaft fort,*
*Von einem zu dem andren Ort.*

*Wenn Ihr nun in hohem Fluge*
*Räume borgt vom Vogelzuge,*
*Lärmend Himmelsweg befliegt,*
*Wär es gut, mal still zu werden,*
*Tiefer in Euch einzukehren,*
*Dass Ihr leise Schöpferworte*
*Oben innig hört und liebt.*

## *Der heilige Dionysius sagt*

(in St. Dionysius zu Krefeld, während des Hochamtes am 17.6.2013)

*Ich neige mein Haupt zu meiner Rechten*
*Und höre das Schweigen und Rollen*
*Der Wasser in den tiefsten Gräben der Meere,*
*Das Sprudeln und Blubbern der Geysire Islands.*

*An allen Gewässern habe ich meine Freude,*
*Allen rufe ich zu: Ihr seid wichtig,*
*Ich lade Euch ein in meinen Gottesdienst.*

*Mit allen Sinnen des nach links geneigten Hauptes*
*Suche ich den Erdkreis ab nach den Feuern.*
*Ich bringe ihnen Gastgeschenke, hoffend, sie folgen*
*Meinem Ruf zur Versammlung in meinem Herzen.*

*Ich führe mein Haupt unter die Füße,*
*Zu grüßen das liebevolle, das duldsame*
*Erdelement der Menschen.*
*Für immer wollen wir beisammen sein.*

*Ich hebe mein Haupt zu den Vögeln.*
*Nur durch die Lüfte wird es hell sein*
*An diesem Tag,*
*An dem wieder beisammen sein wird,*
*Was getrennt war*
*Zwischen den Menschen*
*Und dem ihnen geschenkten Leben.*

Dionysius lebte im 3. Jhdt. n. Chr. Und war der erste Bischof von Paris. Zusammen mit zwei anderen Glaubensbrüdern wurde er auf einem Hügel geköpft, der seitdem Montmartre heißt. Der Legende nach wollte Dionysius aber nicht dort begraben werden. Also nahm er nach seiner Enthauptung seinen Kopf unter den Arm und marschierte noch einige Kilometer nach Norden, wo er endgültig zusammenbrach. Über seinem Grab wurde später die Kathedrale von St. Denise errichtet, die Grablege der französischen Könige. Dionysius von Paris ist auch der Stadtpatron von Krefeld. Das Attribut des Heiligen ist der Kopf unter dem Arm. Dieses Bild hat mich inspiriert. Wenn man den Kopf abnimmt und in andere Reiche eintauchen lässt, kann man zuvor Getrenntes einheitlich erleben und das Herz oder den Bauch oder die Füße sehen machen.

# Feuer

## *Vulkan Herchenberg*

(bei Brohl-Lützing, 14.4.2012)

*Wir wissen noch, wie es einst war,*
*als die Welt nur Licht war,*
*goldene Zeichen gestickt auf den*
*hellblauen Königsmantel des Himmels,*
*und*

*wir wissen noch, wie es geht*
*Dich wieder einzuweben*
*In diesen Himmel.*

*Du weißt,*
*dass Du nicht weißt,*
*wann Tag und Stunde gekommen sind.*

*Doch wir werden bei Dir sein,*
*wenn es so weit ist,*
*dass Du*
*die Flamme*
*bist.*

## *Auf dem Gipfel der großen Schlicke*

(bei Pfronten, 21.6.2020)

*Wie ein Brandzeichen*
*Drücken wir*
*Das Siegel der Zeit*
*Mit dem Petschaft des Himmels*
*Als ein Klangzeichen*
*Auf das Irdische,*
*Damit es weiß,*
*Dass es zur Herde Gottes gehört*
*Und den Weg zurück*
*Zum Schöpfer*
*Finden kann.*

*Und wir lauschen,*
*Mit den Fingerkuppen*
*Auf Euch entlangstreichend,*
*Wie eine Hebamme mit dem Hörrohr*
*Auf dem gewölbten Bauch der Schwangeren,*
*Ob in Euch eigene Himmelstöne*
*Schon reifen,*
*Mit denen Ihr*
*Auf das Wort Gottes*
*Schwören*
*Könnt.*

## *Die Hände eines aufrechtstehenden Materie-Drachens erzählen*

(bei Oslo, 29.8.2015)

*Ich staune, wie sich unter meinen Händen*
*die Steine bilden und wie sich durch meine*
*alten Kieferknochen hindurch die Worte fügen.*

*Ich bin ein Werkzeug in der göttlichen Hand*
*und bringe, wenn Du an mich glaubst,*
*den Segen über dieses Land.*

*Immer halte ich die göttlich Flamme hoch,*
*und helfe gern auch Dir zu seh'n,*
*dass deine Schöpferkraft ist groß.*

*Sobald Du diese treu in Dir ergreifst,*
*kann ich mich lösen und bin frei,*
*von meiner alten Formgestalt.*

## *Zu treuen Händen gegeben*

(Berlin, 17.10.2018)

*Es heile die heilige Schlange,*
*Die wir in uns verletzt haben.*
*Sie wartet nun schon so lange darauf,*
*Dass wir die Sterne vom Himmel holen,*
*An den wir sie einst versetzt haben.*

*Wir sollen sie still auf den Händen tragen*
*Wie Mutter Maria den Sohn nach den Qualen*
*Und wiegen sie sanft in dem Strom der Gezeiten*
*Zu folgen dem Herzen, das uns möchte leiten.*

*Ich bitte Dich, fühl tief ICH BIN,*
*So schaust Du aufs ewige Leben hin.*

## *Johannes der Täufer sagt*

(Heiligenborn / Westerwald, 12.6.2016)

*Aus mir wird einst erwachsen*
*Der ganzen Menschheit Bild,*
*Wenn in dem Alten Drachen*
*Du die Reinheit findst.*

*Ich traue Dir das gerne*
*In diesem Leben zu.*
*Ich bleib in deiner Nähe*
*Und schenk Dir Mut und Ruh'.*

# Erde

## *Weihe des Arkenberges – einer Bauschuttdeponie, die nun höchster Berg von Berlin ist*

(2.10.2018)

Die Wunder des Lebens ereignen sich auch in Dir.
Der Glanz des Göttlichen sei auch um Dich.
Auch in Deinen Tiefen der quellende Urgrund.
Man stehe Dir bei in allen Zeiten der Not,
der Sorge und des Zweifels.

Die Liebe durchströme Dich.
Es berühre Dich die Reinheit des Morgentaus.
Es rede aus Dir ein neuer Schöpfungsgeist in Klarheit.
Mögen sich die Trümmer der alten Zeit
Verwandeln in den Nährboden des Menschen.

Wir, die wir heute hier waren, bezeugen,
dass wir Dich gesehen und Deinen Klang gehört haben.
Wollen wir gemeinsam Hebammen
und Geburtshelfer der Neuen Erde
und des Neuen Menschen sein?

## *Zu einem Attribut eines Erdelementarwesens*

(Hollmuth bei Neckargemünd 3.5.2014)

*Du kennst das Tragen der Laterne*
*Von früher Kindheit an,*
*Du kennst es von Sankt Martin*
*Und auch vom Wichtelmann.*

*Das Licht, das ich Dir heute bring,*
*Kennst Du aus alter Zeit.*
*Es rufet die verlor'nen Seelen:*
*Seid Ihr zu kommen jetzt bereit?*

*Es strahlet in die tiefsten Schichten*
*Von Erd und Mensch hinein,*
*Es löset, ohne je zu richten*
*Allein durch Liebe ein.*

*Allein steh ich schon lang am Ufer,*
*Und leucht in Sturm, in Nacht und Wind.*
*Ich kann damit erst wieder aufhör'n,*
*Wenn alle einst gerettet sind.*

*Ich möchte Dich heut gerne fragen,*
*Und Du kannst sagen ja wie nein:*
*Willst Du dies Licht jetzt wieder tragen,*
*Mit uns in das Dunkel hinein?*

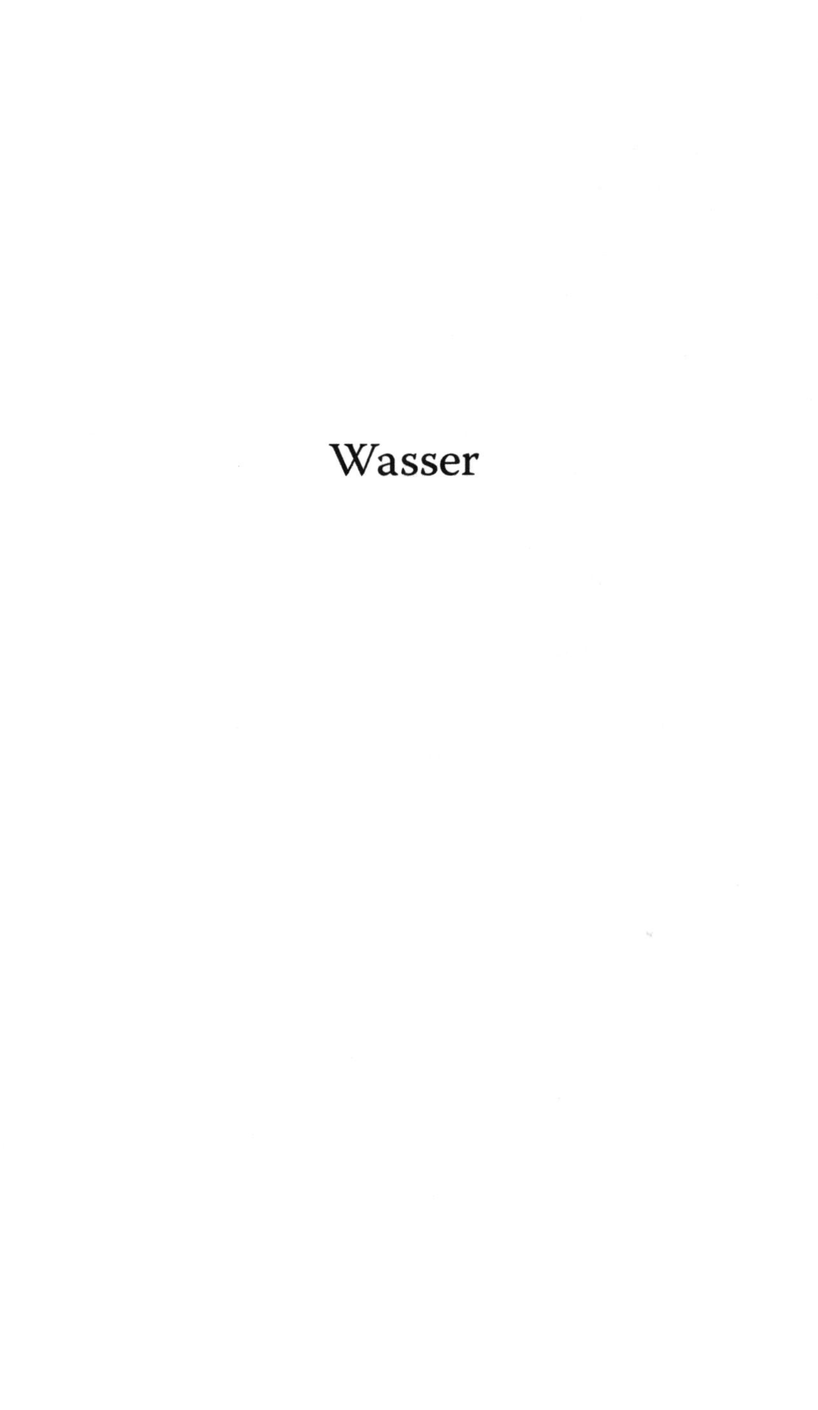

# Wasser

## *Der Blautopf sagt*

(Blaubeuren, 24.9.2016)

*Du siehst mich und ich frage Dich*
*Wie tief kannst Du denn fühlen?*
*Kannst Du denn auch ohn' Unterlass*
*Die liebe Seele spüren?*

*Ich hab Dich lieb, so lieb, so lieb,*
*Ich kann ohn' Dich nicht sein.*
*Ich möchte gern, dass Du dies weißt*
*Und dass auch Deine Quelle fließt,*
*So, wie sie ist, ganz rein.*

*Bevor Du jetzt schon wieder gehst,*
*Möcht' ich Dir noch was sagen:*
*Du kannst, wenn Du die Seele suchst,*
*Nur ehrlich nach mir fragen.*

## *Die Wettergeister über den Regen, die Dürre, den Kunstdünger und die Ungeduld der Menschen*

(Strehla, 26.4.2019)

*Wie ein Fisch im Wasser sich des Sommers*
*unter Baumesschatten gern ergeht,*
*So träumet der Geist vom werdenden Leben.*

*Das ist ein feierlicher Tanz, der seine Zeit braucht,*
*Nicht enden will zu früh, zu spät.*
*Du kannst sie nicht beschleunigen,*
*verkürzen, gar bereinigen,*
*Die Freude darauf, wenn der Geist*
*sich mit der Erde will vereinigen.*
*Da wird getanzt, da wird gesungen,*
*da wird nicht um Profit gerungen.*
*Nimmst Du uns unsre zarten Hoffnungen,*
*So sitzt Du bald schon auf dem Trocknen.*

*Gibst Du dem Gottvertrauen Raum in Dir,*
*So wird der Traum vom Leben wahr in mir.*
*Nimm doch die Weisung an von lieber Hand.*
*Es wird Dir Speisung sein im ganzen Land.*

## *Fernmeditation Hochwasser Jagst und Niederbayern Juni 2016*

(Berlin-Marzahn, an der Wuhle, 27.6.2016)

*Für ein paar Tage seid Ihr erschüttert.*
*Doch wir zittern fast immer vor Euch.*
*Wir fürchten die Art, wie ihr*
*Euch selbst verstümmelt.*

*Immer noch schmiedet Ihr Euch an den Felsen,*
*Reißt Euch die Därme, die Leber auf*
*Und braut nicht, zusammen mit uns,*
*In dem heiligen Kessel das Leben.*

*Wenn der Fluss vor Euch strömt,*
*Denkt Ihr nicht: Das bin ich.*
*Wir aber sehen in Euch*
*Die Ströme und die Brauer*
*Der Zukunft.*

## *An der versiegten Liebesquelle in Woltersdorf*

(16.6.2014)

# Für alle Männer meiner Gegend

*Zerteilt und abgetropft ist mein Fleisch,*
*Das ich einst hier geboren habe.*
*Das Euter ist leer, ich schenke es Dir,*
*Denn es gehört nicht mehr zu mir.*

*Ich kann Euch damit nicht mehr stillen.*
*Ich bitte Dich, um Himmels willen,*
*Nimm Du das Erbe heute an.*

*Gib Du nun Deine Milch,*
*Gib sie an meiner Statt*
*Und gebe sie als Mann.*

*Schenk uns Deine Zärtlichkeit.*
*Lern von unsrer Weiblichkeit.*
*Schau unsre Seele bitte an,*
*Hör mit dem Herzen unsren Gesang.*

Die Liebesquelle war lange ein beliebtes Ausflugsziel der Berliner. Zuletzt wurde ihr eine schmiedeeiserne Einfriedung gebaut. Dann versiegte sie, wie manch andere Quelle im Stadtgebiet und Umland auch.

## *Tröpfelnde Quelle der Jagst*

(31.10.2015)

*Verschieden sind die Plätze, an denen Du mich erleben kannst. Und doch, wie bei Deinen Gliedern auch, sind sie die Teile eines Leibes. Du fügst sie mit der Liebe Deines Herzens zu mir wieder zusammen, so, wie nichts als die reine Schöpfungsliebe Deinen Leib zusammenhält.*

*Eine Leuchte aus Deinem Herzen stellst Du auf meinen Quellaltar. Und, so bitte ich Dich, aus der Tiefe meines Urgrundes schöpfst Du das Wasser und trägst es dann unter Deinem Herzen.*

*So gehen wir miteinander schwanger,*
*Du mit mir und ich mit Dir.*
*Ich trag in mir aus, was Du werden willst,*
*Du trägst in Dir aus, was ich werden will.*

*Wir werden einander gebären*
*Und uns einander schenken.*
*Vieles davon werde ich tun und lenken.*
*Du wirst es vollenden durch Dein Denken.*

## *Der Elbe begegnen I*

(Lössnitz, 15.5.2015)

### Elbbögen bei Strehla

*Geradlinig geht mein Weg*
*Von mir zu Dir,*
*Flankiert von Sonne und Wind,*
*Dass ich traumwandlerisch genau*
*Deinen Ursprung find.*

*Du siehst mich*
*In Bögen strömen durch das Land.*
*Für Dich spann ich die Saiten,*
*Zu hören Deiner Seele Klang.*

## *Der Elbe begegnen II*

(Nähe Quelle Immergrün, Dahlener Heide 16.5.2015)

*Belebt Eure Gespräche*
*Und gebt der Erde davon,*
*Segnet einander mit Liebe,*
*Tränkt alles damit rundum.*
*Begegnet Euren Schatten,*
*Nehmt sie in Euch auf,*
*Steht zu Euren Taten,*
*Seid nicht zu stolz darauf,*
*Und seht in meinem Wasser*
*Den eignen Lebenslauf.*

## *Der Elbe begegnen III*

(Mühlenteich bei Dahlen, 16.5.2015)

*Lasst uns nicht länger warten*
*Auf Euer Herzensblut,*
*Strömt mit uns in den Garten,*
*Dann wird die Schöpfung gut.*

*Wir sind die Ströme Edens,*
*Wir kommen jetzt zurück,*
*Wir regnen auf die Erde*
*Zu teilen unser Glück*
*Mit Euch – es ist jetzt an der Zeit,*
*Seid ihr bereit?*

# Luft

## *Oh komm, oh komm, Emanuel*

(Wuppertal-Cronenberg, 26.2.2012)

*Ich dehne mich*
*Ich sehne mich*
*Nach dem Himmel*
*Nach dem Geist*
*Für die Erde.*

*Mit zärtlichem Entsetzen streife ich die Konturen*
*der irdischen Dinge entlang: Ihre Formen verraten*
*mir ihr Schicksal, wie einem Priester,*
*der den Vogelflug liest.*

Was waren die Umstände,
dass Du einst anfingst, dies zu tun?

*Als die Menschen sich vom Licht abwandten,*
*Oben und unten sich trennten,*
*Ergriff ich die Aufgabe,*
*Die Sehnsucht wachzuhalten.*

Woran glaubst Du? Worauf hoffst Du?

*Ich lausche in den schlafenden Umkreis*
*Auf Schöpferworte*
*Aus dem Munde des Menschen,*
*Aus der Stille, nüchtern, neugeboren.*

## *Wir gehen um mit Gefahrengut auf Erden*

(Goseck 9.12.2012)

*Wie der erfahrene Blick des Minensuchers*
*Die Bombe unter der Laubschicht entdeckt,*
*So werden wir vom Schicksal geführt*
*Zu den Sprengsätzen aus vergangenen Leben,*
*Die wir einst selbst zusammengelegt haben.*

*Mal verfluchen wir diese Bomben und die,*
*Die so freundlich sind, sie uns heute*
*Zur erneuten Bearbeitung vorzulegen,*
*Und sie explodieren in unseren Händen.*

*Mal erkennen wir sie an*
*Als die Schätze der Zukunft*
*Und reichen einander die Hände*
*Und bitten um Vergebung für das,*
*Was wir einst wir einander getan.*

Das Luftelement vermittelt uns zusammen mit den Bäumen die Ansprache der Planeten, die uns das Schicksal stellen.

## *Luftwesen auf dem Donnersberg*

(Am Ludwigsturm, 20.5.2017)

*Eine lange Reise zu Dir hin machen wir schon,*
*Wir Gedanken der Welt.*
*Wir sind aufgebrochen an dem Tag,*
*An dem Du das Diktat für beendet erklärt hast,*
*Und reisen Dir seitdem nach.*
*So endete die Zeit, in der die Vernunft*
*Dir Vater und Mutter gewesen war.*

*Ganz aus der Stille kommend,*
*Möchten wir Dich nun wieder abholen*
*Und Dir zeigen, wo in den verwitterten*
*Samenkapseln der Worte noch Leben steckt.*

*Wir möchten Dir gerne zusagen,*
*Dass Du mit diesem Saatgut*
*Als unser Gärtner vertraulich umgehen darfst,*
*Und freuen uns über Deine Blumenschauen.*

## *Weil Ihr gestern so schön gesungen habt*

(Luftelementarwesen oberhalb von Marienstein,
Eichstätt, 13.9.2020)

*Das war überfällig,*
*Dass Du auf meiner Ätherwelle fliegst,*
*und auch mit meinem Liebesstabe dirigierst,*
*und im Libellenflügelschlage*
*Deines Kehlkopfes vibrierst.*

*Denn Deine Tat, sie hebt auch meine Hände*
*Wieder zu den Himmeln hoch empor.*
*Ich ziehe Gottes goldnes Vlies-Gelände an,*
*Verspinn und webe es in alle*
*Weltenenden durch mein Ohr.*

## *I. Luftgeist des Landes Brandenburg*

(Beeskower Platte bei Tauche-Stremmen, am 20.6.2015)

*Nun geht und schaut Euch an*
*Was Ihr einander habt getan*
*Was düster war und Leid gebracht*
*Dann endet Eure Herzensnacht*
*Es steht allein in Eurer Macht*
*Den Tatenstrom zu wenden*
*Und es geht leichter als gedacht*
*Wenn Ihr Euch gebt die Hände*

## *II. Fortsetzung in Beeskow-Kietz auf der Liegewiese*

*Ich weiß genau, dass Du es bist*
*Der zuerst die Hände reicht*
*Und in mir ist das feste Vertraun*
*Dass Du dann die richt'gen Worte sprichst*

## *III. Fortsetzung*

(am 21.6. in der Nähe von Lindenberg / Mark)

*Wenn Du Dich nicht in Sicherheit wiegst*
*Sondern ins Auge der Feinde blickst*
*Begegnest Du dem eigenen Schmerz*
*Es öffnen sich die Wunden still*
*Die Dein Herz bald heilen will*
*Dann werde ich rufen aus*
*Die Friedenszeit über dem Land*
*Und Erd und Himmel werden ruhn*
*In Eurer liebenden Hand*

## *Raumfeen*

(Beesenstedt, 21.4.2018)

*Frei, wie ein Teil*
*Des großen Heils,*
*Flieg' Du mit mir,*
*Atme das All!*

*Unsre Zeit kommt,*
*Unsre Zeit geht,*
*So, wie der Wind*
*Übers Land weht.*

*Werd' nicht zu schwer,*
*Geh' Deinen Weg,*
*Wolken und Meer,*
*Himmlisches Heer.*

*Nimm uns'ren Flug*
*Auf in Dein Geh'n,*
*Tanz Deinen Weg,*
*Bleibe nicht steh'n!*

*Lebe Dein Glück,*
*Weich' nicht zurück,*
*Nimm uns im Herz*
*Mit für ein Stück!*

## *Sonnenschein, Schneeregen, Aufklaren*

(bei Vallendar, 4.5.2019)

*Hörst Du das Reine, das Wetter hier schon?*
*Es kommet herab von dem Himmelsthron.*
*Es zucken die Blitze, es schüttet der Hagel,*
*Es dampfen die Wälder, es wärmen die Strahlen.*

*Doch brechen die Häuser,*
*die Dämme, die Brücken,*
*Wenn Ihr meint, Ihr müsst Euch*
*vorm Wetter nur schützen.*

*So Ihr gegen uns keinen Widerstand leistet,*
*Werdet Ihr einst vielleicht doch Wettermeister.*

*Es werden die Wetter Euch innigst beglücken*
*Wenn Ihr ihnen zuhört aus freiesten Stücken.*
*Das Götterwort tönet mal laut und mal leise,*
*Mal schütten wir Regen, mal flüstern wir weise.*

# Bäume, Wald, Pflanzen

# *Eichen im Breeser Grund*

(Göhrde, 31.1. und 1.2.2015)

*Ich weiß nicht, soll ich um Euch trauern*
*Oder von Eurer Lebenskraft erschauern*
*Still werft Ihr ab Eure Gebeine*
*Ganz und rein steht Ihr da alleine*
*Ihr heilt mit Eurer Liebesglut*
*Die alten Wunden meiner Seele gut*

*Bald schon werden wir gemeinsam*
*Ein Herz sein, nicht mehr einsam*
*Wir wollen mit der Erde bauen*
*Den Leib, verwurzelt im Vertrauen*
*Darauf, dass Christus alle liebt*
*Und aller Kreatur den Segen gibt*

## *Göttliches Licht in Leipzig*

(Berlin, 11.1.2017)

*Ich schlafe in Euch*
*Ich träume in Euch*
*Von dem Lindenbaum*
*Wie er in Euren Herzen keimt,*
*Wie er wächst,*
*Wie er spreitet,*
*Wie er seine Arme und seine Blätter*
*Über der Stadt ausbreitet,*
*Wie er Euch aus den Betten ruft und sagt:*
*Nun ist es genug*
*Mit all den Qualen.*

*Nun ist es wahr geworden*
*Es ist Tag geworden*
*Und Ihr steht alle da,*
*Aufrecht und klar.*
*Und Ihr legt die Köpfe aneinander*
*Und die Hände ineinander*
*Und Ihr segnet das Land*
*Und Ihr öffnet das Buch des Lebens*
*Und Ihr schreibt es von Neuem*
*Von seiner Mitte bis an den Rand.*

Der Name der Stadt stammt aus dem Slawischen. Lipsia, Lipa ist die Linde.

## *Der Wald bei Onolzheim sagt dem Dorf*

(12.5.2015)

*Ehre sei dem Baum*

*Du kannst gerne vertraun darauf,*
*Dass seine Botschaft ehrlich ist*
*Und dass sein Wort hat viel Gewicht*
*Für alle, die drauf bauen.*

*So hör auch Du genau ihm zu,*
*Wenn er über Dein Leben spricht,*
*Damit auch Dich der Wind nicht bricht*
*Vom stolzen Widerstehen.*

*Das Leben kommt aus einer Hand*
*Für Menschen, Tier und Land.*

## *I. Weinberg*

(Dresden-Pillnitz, Weinberg unter der Ryssel-Kuppe, 23.4.2016)

*Ich sehe Dich in Anbetung*
*der Sonne tanzen.*
*Du trägst Dein Licht und lässt es*
*wie die Rebe ranken.*

*Du kannst mir gern noch Deine*
*andren Menschen zeigen.*
*So sieht der Herr, welch Feuer*
*ihnen ist zu eigen.*

*Ein jeder legt in seinem eignen Leben*
*Den Freundschaftsberg aus Stufen reiner Nähe an,*
*Die er sich traut, zu lassen und zu pflegen.*
*Recht sei auch Dir der Trank aus Deinen Reben.*

## *II. Wie der Weingarten Gethsemane*

(Dresden, Höhenpark Wachwitz, 23.4.2016)

*Die Freunde heranziehen,*
*zu Blüte und Frucht bringen –*
*Wir helfen Dir, denn wir kennen alle ihre Namen.*
*Wir sind die Ahnen.*

*Wir brechen auf das Spalier,*
*an dem Du sie befestigt hast*
*Und sagen Dir: Gib sie frei!*
*Dass auch sie nach Deiner Seele*
*fragen können.*

*Denn nur ein Tanzen aller Ranken*
*Ist eines Menschenseelengarten Zier.*

Tiere

## *Wildspuren am Pfaffensee bei Stuttgart*

(22.11.2014)

So, wie wir gehen,
Geht der Atem und Pulsschlag der Erde.

So, wie wir stehen und schauen,
Säht die Hand der Sterne
Den Samen in die Furchen der Erde.

So, wie wir träumen,
Wachsen die Tage
Aus den Händen des Schicksals
In den Raum.

Du kannst uns jagen und töten und essen,
Quälen, ausbeuten und ausrotten.
Entgehen dem Schicksal kannst Du nicht.

Du kannst uns suchen und spüren,
Fürchten und lieben,
Dann werden wir bei Dir sein,
Wenn die Not am größten ist.

# *Maulwurf*

(Berlin, 19.11.2012)

*Blind pflüg ich den Boden*
*Von meinem Land*
*Und fühle dort Krieg und Mord*
*Von Deiner Hand.*

*Von Lieb zur Erde*
*Könnt ich durchdrehn vor Glück,*
*Ach, könnt ich Dich*
*Mitnehmen ein Stück.*

*Wie die Freude des Landmanns*
*An frisch gepflügter Scholle,*
*Bin ein Augenblick Leben*
*Aus Christi Wille*

*Und bitt Dich,*
*Durchlieb und durchpflüge Du*
*Die Erde zur Mitte hin*
*Ab und zu.*

## *Was wäre, wenn das Wesen der Elefanten als ein von mir abgespaltener Seelenanteil wieder zu mir käme?*

(Stuttgart, Wilhelma, Elefantengehege, 21.11.2015)

*Ich hör schon Deinen starken Ton,*
*Er löst in mir die Illusion,*
*Dass Grenzen mir gegeben sind.*

*Dass ich nicht immer, wie ein Kind,*
*Von Tag zu Tag noch wachsen mag,*
*Bis dass mein Wesen, übervoll*
*Von Welt sich zu dem Klang erhebt,*
*Dem alles, was da lebt, muss folgen.*
*Es bebt in mir des Schöpfers Wort.*

## *Stroh zu Gold spinnen*

(Schafe am Undinenhof, 16.8.2018)

*Disziplin aus Höllen*
*Wächst aus in Fellen,*
*Wo Gedanken vom Barte Gottvaters*
*Am ganzen Leibe sprießen.*

*Hör zu, seine Weisheit sagt aus,*
*Dass auch aus dem Bauch*
*Noch Engelchöre singen und,*
*Wenn Du fleißig drauf baust,*
*Frieden und Wohlstand bringen.*

## *Ein Pferd erinnert sich an ein früheres Leben*

(Märkisch Luch, Barnewitz, 12.8.2018)

*Der Krieg ist, wo mein Reiter blieb.*
*Hätt ich nicht Hufe, auf den Händen*
*Hätt ich ihn getragen noch*
*Und sein erschrocken Herz der Erd*
*Zur Ruhstatt übergeben doch.*

*Du siehst mich heute einfach grasend*
*Stumm auf Deinem Weidegrund,*
*Und doch möcht ich Dir als ein Zeichen*
*Meine beiden Hände reichen.*

*Ich will Dich auf dem Herzland hier*
*Treu erden als ein freies Herdentier.*

## *Segen der Fische*

(Schmalfelder Au, unterhalb von Brook, 22.10.2017)

*Fühl, wie alles blüht und wächst und reift*
*Und wie auch Du Dich als ein Teil*
*des Lebens neu begreifst,*
*Denn Du hast immer schon dazugehört*
*Und konntest es bisher nur noch nicht spüren.*
*Nun aber ist es an der Zeit,*
*Dass Herz und Hände werden weit,*
*Um, was das Leben reicht, gern zu berühren.*

## *Wale, Delfine, Meeressäuger. Oder: Leib der Basilika St. Maria zu Niedermünster II*

(Potsdam 10.12.2014)

Einer der Wale sagt zu mir:

*Wenn wir träumen,*
*Träumt unsere Seele oft von Dir*
*So wie Du wärest,*
*Wär' Deine Seele ganz in Dir.*

*Ich lege Dir*
*Meinen tiefen Traum zu Füßen.*
*Du kannst ihn schauen*
*Und Deinen Schöpfer damit grüßen.*

## *Kennt Ihr den Kaspar Hauser, Ihr Bienen?*

(Bohnert, 2.11.2020)

*Wir schreiten in der Dunkelkammer schon*
*Gemeinsam hin zu Gottes Gnadenthron.*
*Das Band der Liebe hält uns fest und leicht,*
*Verbunden mit dem Rand der Ewigkeit.*
*So knüpfen wir von Anfang an*
*Den Stoff der Welt nach Gottes Schöpfungsplan.*

*An Deinem Strand läuft aus die große Welle*
*Aus Gottes unerschöpflich tiefer Quelle.*

*Und wie die Brust sich Dir*
*von seiner Hand erhebet,*
*So ströme auch Dein Atemwort*
*Zu allem heilend hin, was lebet.*

## *Nachtgebet unter freiem Himmel an Epona*

(bei Lindholzfarm, 13.8.2018)

*Ich danke Dir für jedes Blatt,*
*Das an die Wege Du mir legtest.*
*Du holtest mich aus manch Gefahr,*
*Der ich entgegenstrebte,*
*Begleitetest mich Jahr für Jahr,*
*Und schenktest Schutz und Segen.*
*Du Redetest für mich nur wahr*
*Und schirmtest mich vor Wind und Regen.*

*Ich leg mich hier nun wieder hin*
*In Deine Nacht und Klarheit,*
*In Deine Nähe, Lebens Sinn,*
*Ins Herz von meiner Wahrheit.*
*Gib, dass ich schau Dein helles Licht*
*Und halt mich fest in Deinen Armen.*
*Darf ich es sehen, Dein Gesicht*
*Und in Dir ruh'n im Warmen?*

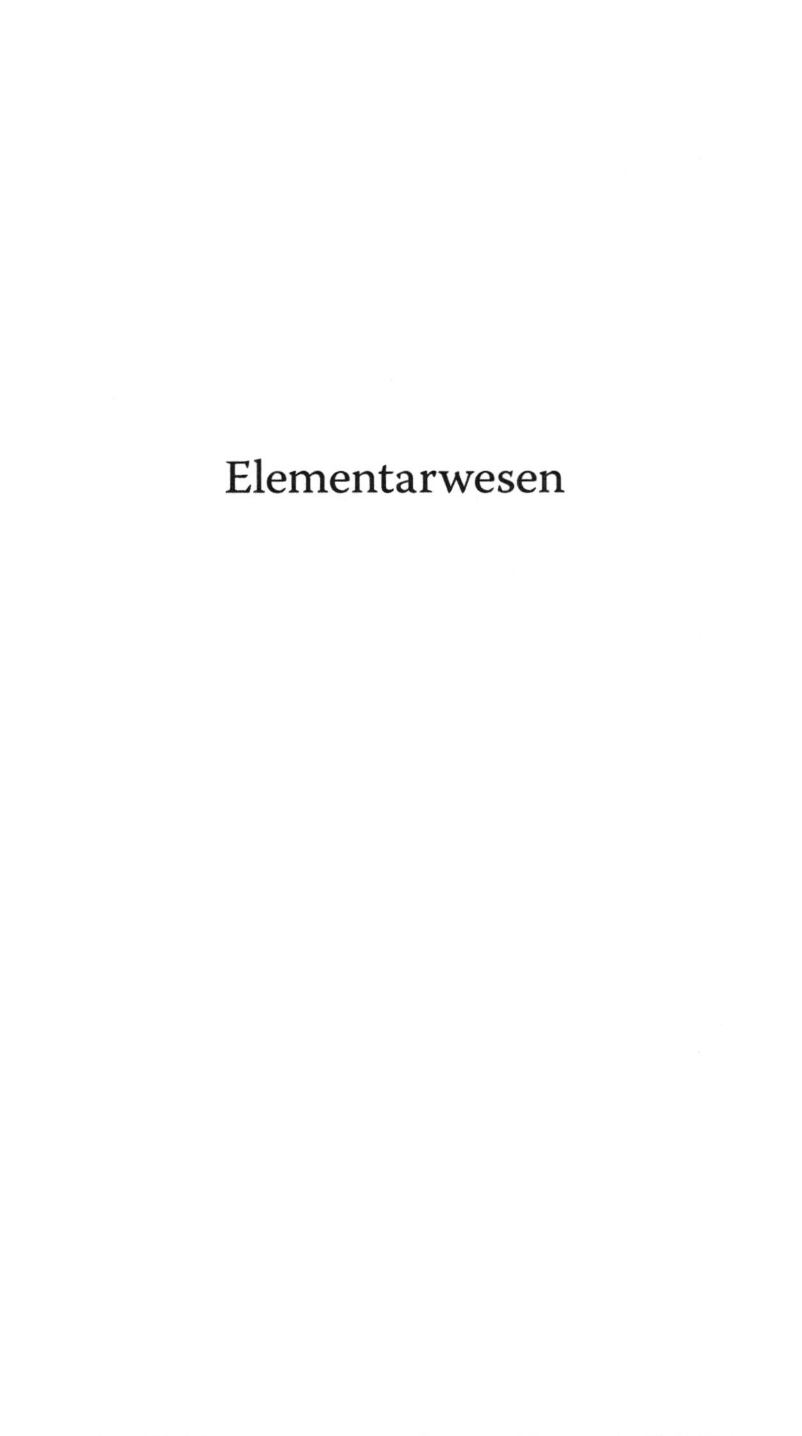

# Elementarwesen

## *Sommerabend auf der Halbinsel Stralau in Berlin*

(20.8.2012)

*Es ist schon lange her*
*Und ist noch gar nicht lange her,*
*Dass Deine Seele war in mir,*
*Und meine Seele war in Dir,*

*Wie heut zur Abendstunde,*
*Wo Menschensein sich rundet,*
*Dass ich in Deinem Atem bin*
*In Dir auf mich schau hin.*

*Willst Du mich segnen mit der Hand,*
*Will ich Dich segnen mit dem Land.*

# *Einsatz eines Baumelementarwesens für ein mit grauen Eternitplatten verkleidetes Haus*

(Gaggstatt, Herbst 2013)

*Du, Geomant, ich grüße Dich. Ich berühre Dich zärtlich an Deiner Stirn. Ich taste entlang Deiner Schultern, berühre Dein Herz, Dein Becken, Deine Beine, damit Du siehst:*
*Ich bin Dir sehr ähnlich.*
*Und wenn ich ganz und gar ein Mensch wäre, wie Du, dann wäre ich gerne ein Ritter und zöge mein Schwert und zeichnete damit Linien und Kreise in die Luft. Und eigentlich noch lieber wäre ich ein Fahnenschwenker und ließe in kleinen und großen Schwüngen meine langen bunten Fahnen durch die Lüfte flattern. Oder ich wäre ein Drachenlenker und ließe an zwei langen Leinen meinen bunten Drachen über dem Hause kreisen und Figuren fliegen. Aber am liebsten wäre ich ein Anstreicher und würde mit ganz vielen ganz langen und kurzen Pinseln aus ganz vielen verschiedenen Farbtöpfen die vielen grauen Platten des Hauses ganz, ganz bunt anmalen.*
*Und danach würde ich gerne wieder Baum sein und das Haus in meine großen Arme nehmen und an mein Herz drücken und es dann ganz stolz dem Himmel zeigen und den Nachbarn zeigen und sagen: Schaut alle her, das ist das Haus mit seinen Menschen, wo ich im Garten Baumgeist sein darf.*

## *Halb trockenes Bruchsteinbett der Rurtalsperre in der Eifel*

(Rurberg, 28.9.2019)

*Hier knirscht die Knochenmühle,*
*Es fehlt ein feiner Klang,*
*Den einst ein Bach umspielte,*
*Der Menschen einst berührte*
*Und lehrte den Gesang,*
*Der Wahrspruch wollte werden*
*Aus tiefem Grund der Erden.*

Nun müssen selbst wir bergen
Die Erdenseel im Arm,
Ihr sprechen wahre Worte,
Sie halten lieb und warm.

Die Elemente können
Durch uns nur heile werden.
Was wir verstümmelt haben,
Das wollen wir verehren.

Auch als Textvorschlag an die Tourismus-Information Rursee zur Ergänzung für eine »Erklärungstafel« des Sees.

## *Der Berggeist des Erzgebirges sagt*

(bei der Talsperre Cämmerswalde, 15.10.2017)

*Ich stimme Dir zu.*

*Ja, fast alle Tag fühl ich mich stark und erhaben.*
*Ich bin einfach da, ich bin wahr*
*Und Ihr dürft Euch an mir laben.*

*Leben schenk ich in Hülle und Fülle.*
*Es strömt durch mich, quillt auf*
*Und senkt sich hernieder zu Euch aus der Stille.*

*Ist Gottes Wille an manchen Tagen*
*verhalt'ner und gemach,*
*Muss selbst ich gar zittern*
*und bangen und liege Euch brach.*

# *Leitendes Elementarwesen eines Grundstückes mit Haus*

(Potsdam 15.4.2016)

*Ich bin das kleine Ding*
*Mit der weißen Schürz'.*
*Siehst mich am Wegesrand,*
*Glaubst, die ist nichts nütz.*

*Ich senk' die Lider tief,*
*Lad' Dich ein zu mir.*
*Bin Dir ganz Gegenwart,*
*Dien' Dir gerne hier.*

*Ich kenn' die Wolken fern,*
*Regen, Sonnenschein*
*Und Deines Lebens Herr*
*wirkt in mir ganz rein.*

*Willst Du mich nehmen auf*
*In dein Herz und Haus,*
*Dann kannst Du mit mir schau'n*
*Aller Sterne Lauf.*

# Körperelementarwesen

## *Begegnung mit meinem Körperelementarwesen*

(Buckow, Märkische Schweiz, 3.5.2014)

Du hast meinen Leib fest im Blick
Und hütest Ihn wie Deinen Augapfel,
Schon so lang.

Du siehst und erleidest alles mit,
Was ich durch ihn hindurch tue,
Schon so lang.

Ich danke Dir dafür
Und bitte Dich, verzeih.
Was könnte ich für Dich tun?

*Ja. Erzähl mir von Johannes, dem Täufer*
*Durch Deine Liebe für ihn kannst Du mich spüren,*
*Sind wir uns nahe.*
*Deine Verehrung seines Wesens*
*Ehrt auch mein Wesen.*
*In Dir ist er wirksam durch mich,*
*Spricht zu Dir die Blume des Lebens,*
*Das heilige Zeichen des Nil.*

*Seid wir zusammen sind,*
*Durchströmte Dich Vieles.*

## *Aus der Sicht eines Elementarwesens einer Zelle meines Körpers*

(Märkisch Luch, 6.2.2021)

*Wir sind wie eine Faser noch*
*Vom Baum des Lebens übrig, doch*
*Wir hoffen, dass wir einst aus dunkler*
*Rinde einen Ausgang an*
*Das Licht des Himmels wieder finden.*

*Magst Du so lange üben mit*
*Den Händen, unser Brot zu brechen*
*Und singen unser traurig Lied*
*Und füllen mit der Tränen Glanz*
*Den Kelch, bis dass die Türen ganz*
*Zum Paradiese hin zu blühen*
*Und zu fruchten stehen offen?*

## *Mein Körperelementarwesen sagt*

(Berg Finkenhaln bei Rennerod / Westerwald, 10.6.2016)

*Was auf der Hand liegt*

*Nun kann ich Dich, nach so langer Zeit,*
*mit Deinen eigenen Händen berühren.*
*Und Du kannst meine Liebe für Dich*
*in Deinen eigenen Tränen spüren.*
*Ich darf, was die Winde Dir bringen,*
*durch Deine Nase beriechen.*
*Und wo Deine Füße hinspringen,*
*kann ich mich in die Erde vertiefen.*
*Wenn Du mir erlaubst, ein Kind*
*Deiner Welt einst zu werden,*
*Kann ich Dir das Wie-man-sie-baut vererben.*

*Ich wohne in Deinem Augenstern.*
*Wir sähen die Welt als unser gemeinsam Werk gern.*

# Menschen

## *Petrus sagt*

(bei der Stiftskirche auf dem Petersberg bei Halle / S., 21.4.2018)

*Wer seid Ihr,*
*Dass ich Euch das Wort erteilen soll,*
*Es vorzubringen am Göttlichen Thron?*

*Was wollt Ihr?*
*Hat nicht schon gesagt, was nötig war,*
*Der Göttliche Sohn?*

*Habt Ihr hier nicht*
*Niederzulegen Eure eigenen Stimmen*
*Und Euch ganz und gar ins Gebet zu finden?*

*Wie könnt Ihr,*
*Wenn nicht so,*
*Gottes Liebe gewinnen?*

Ja, sagen wir,
Es ist wahr,
Wir sind zu stolz,
Und doch: Wir sind froh,
Wenn wir, mit oder ohn' Rebellion
Treten vor SEINEN Thron,
Hoffend eben,
Es wär' noch Platz
Für einen Satz
Im Buch vom Leben.

## *Theophanu oder: Die Kaiserin in Dir gewinnen*

(Wickerode und Tilleda, 17.3.2018)

*Bist Du groß und bescheiden genug,*
*Dass Dein Ich Dich krönen darf?*
*Kannst Du Ruhe gebieten mit der Hand,*
*Dass alle lauten Rufer schweigen in Deinem Land?*
*Schlägt Dein Herz in reinem Takt,*
*Gehst Du in Dein Reich ein nackt?*

*So kannst Du mich hier neu gewinnen.*
*Ich bin und bleib Dir treu von Innen.*
*Wir tragen die Krone mit Sternen, mit Dornen.*
*Wir spinnen das Stroh zu Gold bis morgen.*

## *Bevor die Mitte umtanzt und gegründet wird*

(Wüschberg bei Freisen, 6.6.2020)

*Unter die Haut*
*Unter die Knochen gegangen*
*Ist uns die Erde*
*Auf unseren langen*
*Einsamen Wegen*
*Auf Dich zu.*

*Wir kannten uns nicht,*
*Wussten nichts voneinander,*
*Doch war da der Drang,*
*Zuzugehen aufeinander.*

*Ihr tut es bis heute,*
*Ihr Menschen,*
*Priesterinnen und Priester der Erde.*

*Sehnsuchtsvoll kommt Ihr*
*Aus der Unendlichkeit,*
*Seid alle schon immer miteinander verbunden*
*Und sucht hier den Ort der Begegnung.*

Auf dem Wüschberg haben sich nach meiner Wahrnehmung in früheren Zeiten Eingeweihte getroffen, um sich miteinander zu beraten. Dafür haben sie weite Wege in Kauf genommen.

## *Entwicklungshelfer in der Rhön*

(Fulda, Domplatz, 7.3.2015)

*Meine Aufgabe ist es, die in der Tiefe zu finden,*
*die noch des göttlichen Samens bedürfen, damit*
*sie leben können, weil sie noch nicht aus sich*
*selbst heraus leben können.*
*Lange muss ich nicht nach ihnen suchen. Wie*
*Schilfstümpfe am Ende des Winters stehen sie*
*dicht an dicht gestaffelt in immer weiteren Kreisen*
*und Rängen, sie füllen den ganzen Raum aus, sie*
*sind der Raum.*
*Vielen tupfe ich die offenen Wunden ab, bestäube*
*ich mit dem Gold der Sterne die kahlen Stempel.*
*Andere hemmen meine Hand, indem sie mein*
*Handgelenk mit eisernem Griff umklammern, und*
*so erreiche ich nicht alle.*
*Mitunter geht so ein Same auch auf, dann ist es*
*so, als bepflanzte ich eine haltlose Wanderdüne*
*mit einzelnen Büscheln von Strandhafer.*
*Ja, ich weiß, dass meine Aufgabe erst erfüllt ist,*
*wenn alles, alles zum Blühen und Fruchten*
*gekommen ist und der ganze Raum sich in Deinen*
*lebendigen Leib, Dein Antlitz verwandelt hat.*

*Bald, Erde, wird es nicht mehr so weh tun.*
*Schon kann ich Dir zärtlich über die Wange*
*streichen mit meiner Hand.*
*Du wirst genesen, Dich von Deinem Krankenlager*
*erheben und wir werden Hand in Hand*
*durch den Frühling gehen.*

## *Im Leib zu Hause sein*

(6.10.2015)

Mein Leib ist Dein Tempel, Mutter Erde.
Ich gehe in ihn ein, damit wir uns nahe sein können.
Du zeigst mir in ihm Deinen Frieden.
Ich darf mich in ihm hienieden
legen in Deinen Schoß und staunen ohn Enden,
dass Deine Liebe zu mir ist grenzenlos.

Ich möchte mit meinen Händen
Dir dienen Tag und Nacht.
Wir werden das Schicksal wenden
und wandeln des Todes Macht.

## *Herzchakra der alten Villa*

(Stuttgart, 9.9.2019)

*Schief und schräg presst Du und windest Dich*
*Im Geburtskanal der Schatten hin zum Licht,*
*Und wenn Du wagst, im Zentrum Deiner Angst*
*Dich an Dein Spiegelbild zu trauen,*
*Wird Enge aufgebrochen,*
*Wirst Du in die Friedenslandschaft schauen.*

*Fürchte Dich nicht, Dir immer wieder*
*selbst zu begegnen.*
*Du trägst unser Licht und lässt*
*die Sterne regnen.*

## *Ein Spruch für gute Nachbarschaft*

(Stuttgart, 10.9.2019 )

*Dies sind unsre innigst geliebten Nachbarn,*
*Vom Schicksal uns zur Seite gestellt.*
*Über alle Zeiten hinweg*
*Sind sie am rechten Fleck.*

*Sie hingen schon mit uns am Kreuze IHM zur Seit,*
*So gaben wir uns auch im Tode das Geleit.*
*Oft haben verwechselt wir die Seiten,*
*Wir wär'n die Guten – und die Andern die, die streiten.*

*Nun, da sich der Bund mit unsrer Erd erneuere,*
*Teilen wir mit allen Liebesfeuer.*
*Wann immer wir ihnen am Wege begegnen,*
*Wollen wir uns gegenseitig segnen.*

# *Dem Bösen zu begegnen*

(24.12.2019)

Kann ein Engel denn bestehen
Vor der Menschen reinen Bosheit?
Wie tief muss er in sich gehen,
Wieviel Tränen weinen innig,
Abzuwaschen ihre Rohheit?

Kann er daraus wieder steigen
Auf und breiten aus die Flügel?
Kann er zart bepflanzen neu,
Was zerstört durch Schimpf und Prügel?

*Ja, sagt er, das kann wohl gehen,*
*Wenn sich Täter, Opfer ruhig,*
*Um einander zu verstehen,*
*In die offnen Augen sehen.*

*Wenn sie in sich Hass und Scham,*
*Angst und Liebe halten können,*
*Anschau'n treu, was ist entglitten,*
*Darf ich Gott um Gnade bitten.*

## *Noch gebundene Seelen aus dem Mädchen-Lager des KZ Ravensbrück sagen einer durchschnittlich 50 Jahre alten Gruppe von Geomantinnen und Geomanten*

(16.8.2015)

*Was können wir Euch geben,*
*aus unsrem kurzen Leben?*
*Und doch, es ist uns wichtig,*
*Nehmt es bitte an,*
*Wie ein Geburtstagsbild von Euren eignen Kindern,*
*Das ohne äußren Wert ist, doch berühren kann.*

*Wir hoffen und wir beten,*
*Dass Ihr niemals erlebt,*
*Was uns hier angetan,*
*Und dass Ihr ohne Zögern*
*Aufsteht, Euch erhebt,*
*Wenn wieder einmal stark wird*
*Menschenhass und Wahn.*

*Wir spüren Eure Zartheit.*
*Sie bringt uns nun voran.*
*Wir hoffen, dass Ihr stark seid,*
*Wenn's wieder kommt drauf an.*

*Damit dies niemals wieder*
*Durch Menschen sich ereignen kann,*
*Betreuet alle Seelen*
*Auf ihren Erdenwegen*
*Gut von Anfang an.*

# *An den Kapellen in der Gedenkstätte Dachau, unweit des Krematoriums*

(16.1.2020)

*Hier schlagen wir auf*
*Ein neues Kapitel im Buche des Lebens.*
*Du schreibst es nun selbst, Mensch.*
*Wir reichen Dir dazu den Stift.*
*Noch ist es leer.*

*Es wird von Deiner Ehrfurcht*
*Vor dem Leben handeln,*
*Von einem Tun, so liebevoll,*
*Wie es kein Aug zuvor gesehen hat.*

*So wird sich füllen*
*Nach und nach ein Blatt,*
*Auf dem geschrieben steht,*
*Wie die Erde selbst*
*Einst auferstanden ist.*

## *Hauptachse von Wuppertal: Santiago de Compostela – Aachen – Externsteine – Nordrussland und zurück*

(Wuppertal, 7.3.2021)

### Ikonostase

*Ziehe die Pfeile, die Flüche heraus,*
*Die Du nach Osten verschossen hast.*
*Der Leib Deines Bruders ist warm und weich*
*Wie der Deine, verletzt und gequält zugleich.*

*Zieh sie heraus, denn sonst stichst Du sie Dir*
*Mitten ins eigene Herz.*

*Hab' keine Angst vor dem Strom der Kerzen,*
*Dem Licht, das die Heiligen vor Dir gesehen.*
*Sie sahen es nicht nur für sich allein,*
*Sie wollten's Dir schenken, so hell und rein.*

*Willst Du es nehmen und setzen Dir, endlich,*
*Auf's Haupt und in Deinen Augenschrein?*

## *Waldrand mit Elementarwesen, die von mir einen Lehrplan für sie erwarten*

(bei Schwäbisch Hall, 28.9.2014)

Ein Lehrer soll ich Euch sein?
Wo ich doch zutiefst Euer Schüler bin,
Noch ganz in den Anfängen stecke
Auf der Suche nach den Geheimnissen des Lebens.
Einen Baum machen,
Wenigstens ein Blatt.
Nichts davon kann ich.
Was kann ich Euch denn lehren?
Ihr wollt doch nicht wissen,
Was man uns in unseren Schulen lehrt!

*Du kannst uns lehren, wie es ist,*
*Sich aufzumachen und auf die Suche zu gehen.*
*Du hast es Dein Leben lang getan.*
*Du bist ein Experte für Heimat- und Ratlosigkeit,*
*Verzweiflung und Zuversicht, ganz viel Zuversicht!*

*In all dem ist eine Liebe, die so stark ist,*
*Dass wir sie uns nicht erklären können,*
*Deine Sehnsucht nach uns und nach Gott.*

*Davon wollen wir hören.*
*Davon wollen wir lernen.*

## *Die Seele der Menschheit sagt*

(Märkisch Luch 13.5.2020)

*Lange vor dem Wort*
*Strömt der Atem*
*Und wir lauschen ihm*
*In riesigen Höhlen,*
*Gebannt,*
*Denn er ist unser Leben.*

*Lange nach dem Wort*
*Halten wir uns an Händen,*
*Schaun wir uns an,*
*Denn das ist, was bleibt.*

*Lange blicken wir*
*Zusammen ins Feuer.*
*Es erzählt uns,*
*Woher wir kommen*
*Wer wir sind*
*Wohin wir gehen.*

*Wir sind Reisende.*
*Ein wenig Flugsand im Gepäck,*
*Halten wir*
*Unter dem Sternenhimmel*
*Auf Dich zu.*

*Wir haben Dich verloren, oh Herr.*
*Wir werden Dich wiederfinden.*

## *Die verstorbene Mutter sagt*

(16.7.2019)

*Du fragst, wann ich Dir nahe bin?*

*Immer, wenn Du ein Geräusch hörst, das Dich*
*berührt, sei es in der Natur, eine Vogelstimme, ein*
*Windhauch, sei es die Stimme eines Menschen,*
*dann lebe ich auch darin.*

*Ich brauche noch Zeit, um mich fertig zu machen*
*für die große Reise.*

*Oft streiche ich Dir sanft über das Haar Deines*
*Hinterkopfes, und die Bewegung meiner Hand*
*führt mich dann auch bis zu Deiner Wange,*
*Deinem Mund, Deinem Kinn.*
*Ich ertaste den Teil Deines Gesichtes,*
*aus dem Du sprichst,*
*denn ich kann Dich nicht sehen.*
*Deine Stimme belebt mich, jedes Wort,*
*das Du sprichst und jeden Deiner Atemzüge*
*kann ich fühlen.*
*Die Laute Deiner Stimme erlebe ich als*
*Deine Hände, die in meine Welt hineinwirken.*
*Sie sind mir das Kostbarste, was es gibt.*
*Durch sie säe ich die Samen*
*der Zukunft.*

## *Der verstorbene Ehemann und Vater an seine Frau und die Kinder*

(24.3.2018)

*Wenn mein Flügel und Wort Dich erreichen kann:*
*Ich segne Dich*
*Und jedes Kind, das uns geschenkt wurde.*

*Ich verneige mich vor Dir*
*In tiefer Dankbarkeit für die Zeit,*
*Die wir zusammen auf Erden verbringen durften.*

*Ich schaue auf die Kinder, und nichts ist mir teurer,*
*Als ihr Glück wachsen zu sehen.*

*Nun aber ist es Zeit für mich zu gehen*
*Und hier nicht länger stehen zu bleiben in dem,*
*Was in diesem Leben auf Erden war.*

*Ich geh Euch voran nun nach Morgen*
*Und bitt' Euch, macht Euch keine Sorgen*
*Um mich, denn ich seh' meinen Weg*
*Und was kommen will schon rein und klar.*

*Was auch immer Ihr tut, wenn Ihr dazu Mut braucht,*
*Und Ihr wisst nicht, wo nehm ich ihn dafür nur her:*
*Ab jetzt wird er strömen*
*in Euer Herz aus der Sphäre,*
*In die ich nun gehe verehren*
*Den Kern aller Wesen, das ich bin Du.*

Der Tod liegt hier etwa drei Jahre zurück.

## *Ich war einmal*

(1./2.2.2018)

*Die Aussicht des Heiligen Geists*
*Hält Euch die Seelen noch rein,*
*Und was sie den andren vererben,*
*Das zeigt sich erst lang nach dem Sterben.*

*Erst ganz ohne Gier wirst Du eben*
*Ein Glanz, eine Zier für das Leben.*

*Auch Du wirst das einmal schaffen.*
*Raff' Dich auf, geh' nach vorn, streck' die Waffen.*
*Habe Mut, keinen Zorn, zeig' Dein Lachen.*
*Werde gut durch Dein Tun und Dein Lassen.*

Der Tod liegt hier etwa 45 Jahre zurück.

## *Die Schaumgeborenen*

(Hamburg, 17.10.2020)

*Weltweit rollt die Gezeitenwelle,*
*In jedem Ozean bildet sie*
*Scheitel, Strudel, Wirbel, Quelle:*
*Häuser, wo behütet und gesegnet*
*Kinder des Neuen wachsen können.*

*Rasch sind sie strahlender, größer als Du,*
*Runden an einem Sommertag,*
*Was nimmer Dir gelingen mag.*

*Geh' aus, hör' hin, lern' sie suchen,*
*Wenn sie in Herzlandstrandes Brandung*
*Nach Dir rufen.*

## *Einladung zur himmlischen Landwirtschaft*

(8.7.2018)

*Wir pflügen den Herzensacker,*
*Machen ihn bereit,*
*Wir säen mit unsren Händen*
*Die Sternensaat der Zeit:*
*Die Tage, die Jahre, den Regen, den Wind,*
*Das Gute, das Wahre, das Schöne, das Kind,*
*Das Gute, das Wahre, das Schöne, das Kind.*

*Wir ernten von unserem Acker,*
*Dem Acker der Menschenzeit,*
*Die Früchte der Liebe alle,*
*Komm, sei auch Du bereit:*
*Die Sehnsucht, die Hoffnung, die Treue, den Mut*
*Fürs Neue, für Heilung der Wunden, der Wut.*
*Die Sehnsucht, die Hoffnung, die Treue, den Mut*
*Fürs Neue, für Heilung der Wunden, der Wut.*

# Engel

## *Projekt Mensch, betrachtet durch die Elohim*

(Potsdam, 8.12.2015)

*Leise Fenster seid Ihr,*
*Durch die ihr kaum zu blicken wagt.*
*Ihr könntet viel durch Euch sehen*
*und einander geben.*
*Noch aber steckt Ihr blind in der Tat.*

*Stark sein, das wollt Ihr alle gern.*
*Und wissend und bissig dazu.*
*Was wäre, wenn das gar nicht zählte,*
*Und nackt nur der Fuß die Erde berührte,*
*Ihr Euch im Herzensangesicht ganz spürtet?*

*Dann sähet Ihr auch uns, die Engel.*
*Das machte uns und Euch erst frei.*
*Ihr säht durch Euch noch viele Wesen*
*Und hättet nie mehr Angst dabei.*

## *Dein Schutzengel sagt*

(Hohennauen,15.3.2012)

*Du kannst Dir nicht vorstellen,*
*Wie sehr ich Dich liebe.*
*Um alle Regungen Deiner Seele*
*Schmiege ich meinen Leib.*
*Du bist in mir.*
*Gemeinsam brüten wir Deine Zukunft aus.*
*Jedes Leid, das Du fühlst, erleide auch ich.*
*Jede Lernmöglichkeit, die Du nicht ergreifst,*
*Führt mich an den Rand der Verzweiflung.*
*Dein Glück lässt mich vor Freude vergehn.*
*Seit ich Dich zum ersten Mal sah,*
*War es um mich geschehn.*
*Ich steh Dir bei seit Jahrtausenden*
*Im Übergehn*
*Auf Deinem Weg zu mir, zu Dir.*
*Ist es so weit,*
*Werden wir fliegen.*

## *Abend am Greifswalder Bodden*

(Gelbes Ufer, Halbinsel Zudar auf Rügen, 24.8.2019, Stimmung und Melodie ähnlich »Kein schöner Land in dieser Zeit«)

*Die Segel sind nun eingezogen*
*und das Meer ist leer.*
*Willst Du den Herren loben,*
*ihm erweisen seine Ehr?*
*Willst Du Dich finden gern in seinem Schatten*
*Und mit ihm bauen an dem Erdengarten,*
*So komm in unsern Kreis und reich*
*uns Deine Hände her.*

*Willst Du auf seine Lieb vertrauen*
*Und ihm einst in die Augen schauen,*
*So führ die Deinen auf die Wege*
*seines Engelheers.*

## *Am Peenestrom bei Köslin*

(25.8.2019)

*Mach Dir das Leiden zu eigen,*
*dass Menschen sie selber sind.*
*Stelle Dir vor, dass sie schweigen*
*und Dich wieder anschauen als Kind.*
*Stelle Dir vor, wie sie träumen*
*im Mutterleib von dem Licht,*
*Fühle, sie wollen versäumen*
*das Erdenleben nicht.*

*Was sie an Wunden mitbrachten*
*am Leib, an der Seele, am Geist,*
*Willst Du das achten, so nimmst Du*
*sie und Dich ganz leicht.*

## *Letzter Check vor dem Start*

(Berlin, Hildegardstraße 19.3.2012)

*Wie einen Düsenjet vor dem Start*
*Checken wir den Menschen*
*Schicht für Schicht*
*Stufe für Stufe*
*Wirbel für Wirbel*
*Chakra für Chakra*
*Organ für Organ*
*Durch*
*Auf seine Tauglichkeit zum Fliegen.*

*Denn wir sind es gewohnt, von Stufe zu Stufe*
*Auf und niedersteigend,*
*Hüpfend, schwebend, fliegend*
*Zwischen Himmel und Erde zu verkehren.*

*Und der Mensch beginnt nach dem Check*
*Gewohnheitsgemäß*
*Sich mit den Händen*
*Durch die Erde zu graben*
*Wie ein Maulwurf.*

*Rufen wir einen bedeutenden Namen:*
*Hildegard!!*
*So erwacht eine Fähigkeit,*
*Die dem Fliegen dienlich sein kann,*
*Das Spreiten der Hände gen Himmel.*

*Oder: Angelus Silesius!!*
*Das Aufrichten der Poren*
*An Armen und Rücken,*
*Als wären Federn dran. Es erwachen*
*Innere Bereitschaft, Sammlung*
*Leicht werden, zum Absprung ansetzen.*

*Und großartig ist es für uns,*
*Teilzuhaben an dem kosmischen Räderwerk*
*Der Zeit, dem Auf und Ab der Jahreszeiten,*
*Am Werden und Vergehen und*
*Euch zu folgen in das, was Ihr*
*Erinnerung nennt, ein Hinein in die Tiefe,*
*Und Gefühle durchzubuchstabieren,*
*weinen und lachen*
*Und bedenklich Bedenken*
*in dem Raum zu verdichten*
*Und Liebesknospen aufeinander zu richten.*

*So werdet Ihr das Fliegen letztlich*
*Ganz neu erfinden,*
*Und wir werden es*
*Dem Himmel*
*Voll Freude*
*Verkünden.*

## *Der Engel sagt den Menschen*

(Rheinaue bei Worms, 2.2.2019)

*Deine Disharmonie*
*Auf dem Weg, Dich selbst zu finden,*
*Es zerreißt mich beinahe.*
*Du probierst viele Stimmen und Töne aus,*
*Die noch nie dagewesen.*
*Manche machen krank,*
*Andere lassen uns aufhorchen.*

*Ich halte Eure Klangröhren an den Enden*
*Und muss sie ineinander führen,*
*Damit das Weltgebäude nicht aus den Fugen fällt.*

*Ich soll die Klangknospe der Zukunft hüten,*
*Bis die Zeit gekommen ist*
*Und die Rose der Menschenstimmen*
*Zu Blühen beginnt.*

## *Der Satan, aus dem Himmel betrachtet*

(Potsdam, Flatowturm, 10.10.2017)

*Dass die Erde aufberste*
*Und Du zeigtest uns Dein Gesicht.*
*Dass der Himmel aufleuchte*
*Und wir segneten Dein Gewicht.*

*Denn wir bauen auf Dich,*
*Den Gerichtsvollzieher der Liebe,*
*Bis alle ihr Pfand eingelöst haben bei Dir*
*Und Dich und uns losgesprochen haben*
*Von der Wandergesellenschaft der Diebe*
*Und sich kennen Aug in Auge,*
*Herz in Herz endlich hier.*

## *Weiße Rose heute*

(München, 22.1.2021)

*Aus einem Zustand der Glückseligkeit heraus*
*erklär ich Dir: Demokratie ist eine Selbstverständlichkeit*
*für alle Geister, die mit den Lebenskräften unsrer Erde*
*auf den Menschen hoffen.*

*Wir sagen Dir ganz offen, dass jedwede andere*
*Gesellschaftsform den Durchbruch*
*zur Gemeinschaft mit der Schöpfung*
*nie wird schaffen.*

*Wollt Ihr aber alle Stimmberechtigten nun hören,*
*so öffnet auch für das, was Euch des Abgrunds*
*klaffend Wunde sagt, verständnisvoll und mild*
*die Ohren.*

*Denn nur, wenn das, was Ihr aus Eurem Wesen*
*einstmals ausgestoßen habt, am Ende*
*wieder kommt zu seiner Würde, kann alles,*
*was im Orkus noch in Euer Herz*
*zurückzukehren hofft, einst nehmen*
*glücklich auch die letzte Hürde.*

## *Ermunterung des Schutzengels*

(Crailsheim, 3.9.2018)

*Stolz, wie eine Spanierin*
*Sich im Tangoschritt weit biegt*
*Und reine Lebensliebe*
*Zweifel und Ängste besiegt,*

*Will ich hören Deine Rede, Dein Gebet,*
*Tag um Tag, Jahr um Jahr*
*Und spüren, Du gehst Deinen Weg,*
*Rein, klar und wahr.*

*Nur, wenn Du*
*Zu Deinen Idealen stehst,*
*Kann durch uns zur Erde kommen,*
*Was für die Zukunft zählt.*

## *Engel der Verantwortung vor dem eigenen Leben*

(westlich von Mansfeld, 1.12.2018)

*Ich lebe vom Geben immerwährender*
*Wachheit durch Erinnern.*

*Indem Du, was gewesen ist,*
*immer wieder neu anschaust,*
*Lernst Du, es auf Händen tragen*
*und Deinem Schöpfer zu sagen:*
*Siehe, das ist, was ich*
*aus Deiner Schöpfung gemacht habe,*
*Wirklich das, und nicht, was ich*
*mir drüber bloß gedacht habe.*

*So teile ich Engel Dir Deine freien Seiten*
*im Buche des Lebens zu,*
*Und Du lernst, was keiner*
*außer Dir dort einschreiben kann,*
*Wirklich nur Du.*

## *Vom Schulengel an die Verwaltung*

(Märkisch Luch, 25.3.2020)

*Ausgegangen seid Ihr*
*Von Gebäudegrößen und Klassenzahlen.*

*Doch, die Schule, das ist:*
*Was die Kinder gerade, in diesem Moment, sehen,*
*Welchen Geruch sie gerade riechen.*

*Die Schule, das sind die Ohren der Kinder,*
*Was sie gerade hören.*
*Die Schule, das ist das Orchester*
*Ihrer gerade schlagenden Herzen,*
*Das ist, was sie gerade denken*
*Und fühlen.*

*Die Schule, das ist etwas*
*So Quicklebendiges, Vibrierendes,*
*Da misch ich mich mitten hinein,*
*Da bin ich in allen Sinnen,*
*Erfüllt bis in die letzte Faser*
*Mit Glück.*

## *Lied des Brandenburgischen Engels in Potsdam auf dem Weinberg*

(28.8.2013)

*Geschunden wurden viele*
*In diesem Land*
*Ich bitt Euch: Gebt Euch alle wieder*
*Die liebe Hand*
*In Brandenburg*
*In Brandenburg.*

*Und wenn ein neuer Tag erwacht*
*In Brandenburg*
*Es beten Menschen für die Erde*
*Von Brandenburg*
*Dann bin ich bei Euch!*
*Immer bei Euch!*

*Und wenn ein neuer Geist erwacht*
*In Brandenburg,*
*Dann werden Wälder, Seen, Städte*
*Beten für Euch und*
*Singen mit Euch*
*In Brandenburg!*
*In Brandenburg!*
*In Brandenburg.*

## *Stellenausschreibung für einen jungen Ortsengel*

(Potsdam, 15.4.2016)

*Sich hingezogen fühlen zu dem Himmelsfeuer*
*Und brennend reden durch den Flammenatem*
*Mit den Händen Lebensfäden nähen*
*Und schmieden schweißen Bahnen für den Klang.*

*Liebst auch Du den Gesang,*
*Und willst Du mit den Händen Segen spenden?*
*So komm' und führ' ineins die losen Enden,*
*Um mit den Menschen Schicksal umzuwenden!*

*Pflanz' Dich ein in diesen Herzensacker.*
*Schöpfe Mut, sei gut und schaffe wacker!*

## *Der Engel des Ortes sagt*

(Schwarzerden, Gersfeld / Rhön, 31.10.2019)

*Vielen berühr ich das Haupt*
*Und ich fühle dabei, ob schon stark*
*Ein jeder daran glaubt,*
*Dass ihm einst selber Flügel*
*Wachsen möchten aus innrem Entzücken*
*Vor der Schönheit der Schöpfung des Herrn*
*An Händen, Armen und Rücken.*

*Glaubt Ihr mir hier auf das Wort,*
*Wird Euch weiter nichts mehr bedrücken,*
*Seid Ihr mir darin treu am Ort,*
*Könnt Ihr viele noch damit beglücken.*

*Schönheit kann staunen machen, gar erschüttern.*
*Sie kann Deine Schlacken schlagen fort,*
*Wie der Hagel in Gewittern.*

## *Großstadtengel beim Engelbecken*

(Berlin-Mitte, 25.6.2019)

*Die erlebte Zeit der Menschen durchführen,*
*Jeden einzelnen Lebensfaden*
*Oben durch das Nadelöhr*
*Aus Daumen und Zeigefinger*
*Gottes.*

*Und dann*
*Die Fäden abspannen, erden.*
*Dass sie einen Bezug bekommen*
*Und nicht im Leeren enden.*

*So entsteht ein Zelt,*
*In das wir das heilige Opfer legen dürfen,*
*Aufgespult rund und rot,*
*Die Herzenszeit der Menschen.*

## *Michael hat in meinem Herzen gesprochen*

(Wasserscheide zwischen Villingen und Schwenningen, 11.10.2015)

*Ich bin ein Engel des Lebens, nicht des Todes.*
*Ich freue mich, wenn alles wächst und gedeiht.*
*Nimm Dir Zeit, mit dem Herzen zu verstehen,*
*Dass unsere Sonne auf Gute und Böse scheint.*

*Wir können das Gute*
*Nicht mit dem Schwert erzwingen.*
*Wir können nur Samen streu'n*
*Und die Ernte einbringen.*

*Wir haben, wie Du, kein festes Haus im All.*
*Wir sammeln die Menschheit*
*Nach dem Sündenfall.*

## *St. Michael in Hohenlohe*

(Kreßberg-Tempelhof, 9.5.2015)

*So groß*
*Sind die Scharen derer,*
*Die hinter Euch stehen.*
*Nun geht voran.*

*So hoch*
*Spürt Ihr unseren Gruß*
*Und richtet ihn unten der Erde aus.*

*So zart*
*Seid Ihr mit allem, was lebt.*
*Ihr hütet es in Euren Händen.*

*So könnt Ihr,*
*Wenn Ihr wollt,*
*Das Schicksal der Erde*
*Noch wenden.*

*Wir stehen hier für Euch bereit.*
*Macht Eure Herzen weit.*

# Gaia

## *Am Brauhausberg*

(Potsdam, 25.6.2014)

*Ich führe Dich zum Tanz.*
*Ich spüre Deinen Glanz.*
*Ich möchte jetzt, dass alle sehn,*
*Dass unsre Liebe stärker ist,*
*Als alles, was wir je verstehn,*
*Dass Deine Hand mein Leben ist,*
*Mein Wachsen, mein Vergehn.*

## *Deine Lebensthemen*

(Berlin, am Märkischen Museum, 28.6.2019)

*Du bewegst sie. Sie bewegen Dich.*
*Du gehst mit ihnen um. Sie formen Dich.*

*Du trägst sie. Du erleidest sie.*
*Bald zerreißen sie Dich.*

*Du jonglierst mit ihnen. Du bettest sie in Dir.*
*Du zeigst sie. Du bringst sie zum Leuchten.*

*Du brütest sie in Dir aus.*
*Du bringst sie zum Blühen, dankst ihnen*
*Und lässt sie los.*

*Du gibst sie jenen zurück, denen Du sie verdankst.*
*Nun bist Du frei und*
*Du kannst Dich auf mich legen, die Erde.*

*Ich kann Dein Herz fühlen.*
*Wusstest Du schon, wie stark es schlägt?*
*Wusstest Du schon, wie tief es fühlt?*
*Wusstest Du schon, wie zart es träumt?*
*Wär es nicht schade, Du hättest all dies versäumt?*

*Ich habe die ganze Zeit von Dir geträumt,*
*Habe gehofft, dass Du einst zu mir kämst,*
*mein Freund!*

## *Leben Gaias*

(Granit am Schluchsee, 20.5.2018)

*Mit einem langen Trommelwirbel*
*Erfinde ich die Zeit.*
*Es ist entsetzlich und schauerlich,*
*Wie die Ewigkeit*
*Zu ihrer Hinrichtung schreitet.*
*Alles zittert und rumpelt,*
*Hackt und klappert und bebt.*

*Ein feines Tremolo folgt,*
*Immer noch Schüttellähmung,*
*Noch lange kein Ton.*
*Dann ruhen meine Hände sich aus,*
*Legen sich zärtlich übereinander.*
*Still ist's geworden,*
*Langsam und ruhig beginnst Du zu atmen,*
*Erde.*

*Dein Blut pulsiert in Deinen Adern.*
*Du machst Dich bereit, ein Ort zu werden,*
*Auf dem das Leben erscheinen kann.*
*Du bist jetzt geboren*
*Und kannst selber das Leben gebären.*

*Eines freudigen Tages*
*Wird der Mensch seine Hand*
*Auf die Deine legen,*
*Die alt und faltig geworden.*
*Er wird sie dankbar und zärtlich,*
*Er wird sie liebevoll streicheln*
*Und von Dir nicht weichen.*

## *Zusage der Weißen Frau vom Trebelsee*

(Ketzin, 20.4.2017)

*Solange die Erde sich dreht*
*Und Dir der Sinn danach steht,*
*Dass wir uns begegnen und segnen,*
*Will ich nicht gehen von ihr*
*Vor der Zeit und grüßen Dich*
*Weiter gern aus der Ewigkeit.*

*Blau und grau, wie der Himmel sich neigt*
*An seinem Rand in meine Fluten,*
*Und wie Deine Seele sich leibt*
*In die Hand, die zärtlich streicht*
*Über mich, die Erde, das Land,*
*Wollen wir einander besuchen.*

*Solang Deine Seele mich ruft,*
*Blühe ich nur für Dich,*
*Strahlt Dir hell meine Glut.*

## *Drei Göttinnen im Fläming*

(Dahnsdorf, 16.9.2012)

Mit Dir tanz ich,
Mit Dir sing ich,
Auf Dich bau ich,
Durch Dich kling ich,
Persephone.

Den Bogen spannst Du,
Die Saiten stimmst Du,
Artemis.

So schreitet Ihr durch die heilige Landschaft,
Du an der einen,
Du an der anderen Seite,
Zu dritt,
Demeter in der Mitt.

Vernehm ich richtig Euren Klang?
Seid Ihr zufrieden mit meinem Gesang?

## *Die Fülle*

(Schwäbisch Hall, 11.11.2013)

*Von allem sei auch Du ein Teil,*
*In allem finde Du Dein Heil,*
*Denn dieser Ort ist allen tief verbunden.*

*Er atmet in der Landschaft Rund*
*Und schenkt Dir treu, zu jeder Stund*
*Das Lebenswasser aus dem vollen Krug.*

*Du brauchst jetzt nimmer ängstlich sein,*
*Wir Erdenmütter geben Dir genug,*
*Du kannst sie alle, Deine Lieben,*
*Stillen und beschenken,*
*So Du ein wenig, ab und an*
*Magst liebend an uns denken.*

## *Persephone*

(Im Ried / Altrhein bei Rastatt, 22.3.2014)

*In meinem Reich der Schatten*
*Näh ich mit schwarzem Zwirn.*
*Die Fäden stammen aus der Höhe*
*Von Deinem Nachtgestirn.*

*Die Fäden führen in die Weite*
*Von Deines Lebens Sinn*
*Und führen Dich durch tiefes Schweigen*
*Zu Deinem Ursprung hin.*

*Dort warte ich auf Dich schon immer.*
*Ich bin Dein Leben und Dein Tod*
*Und fühl von Innen Deine Stimme*
*In meiner Tiefe wie ein Lot.*

## *Pietá*

(im Wald bei Verdun, 27.5.2017)

*Ich hör noch immer Eure Stimmen,*
*Seh' Zigarettenspitzen glimmen*
*Und Lebensfunken wandeln in der Nacht.*

*Ich hör', wie einer lacht*
*Und wie ein anderer das »r« so macht,*
*Wie's mitgebracht ist aus der Heimat schon.*

*Es machen Rachen, Zung' und Atemstrom*
*In Dir, mein Sohn, für mich den schönen Ton,*
*Ich spür' Dein Leben, wie ich's Dir gegeben*
*Und wie Du's weitergeben solltest – komm!*

*Ich will Dich tragen nun auf meinen Armen*
*Ein Stück noch weiter durch die lange Nacht,*
*Ich will Dich halten still auf meinem Schoß, dem alten,*
*Bis dass das Leben neu in Dir erwacht.*

In diesem Wald zeigt ein Seminarteilnehmereine Stelle am Rücken, an der er oft unerklärlicherweise Schmerzen hat. Diese Stelle habe er heute während der Meditation im Wald besonders stark gespürt – dort, wo den Soldaten im Ersten Weltkrieg hier wohl die tödliche Kugel getroffen hat, wie ich es wahrgenommen habe.

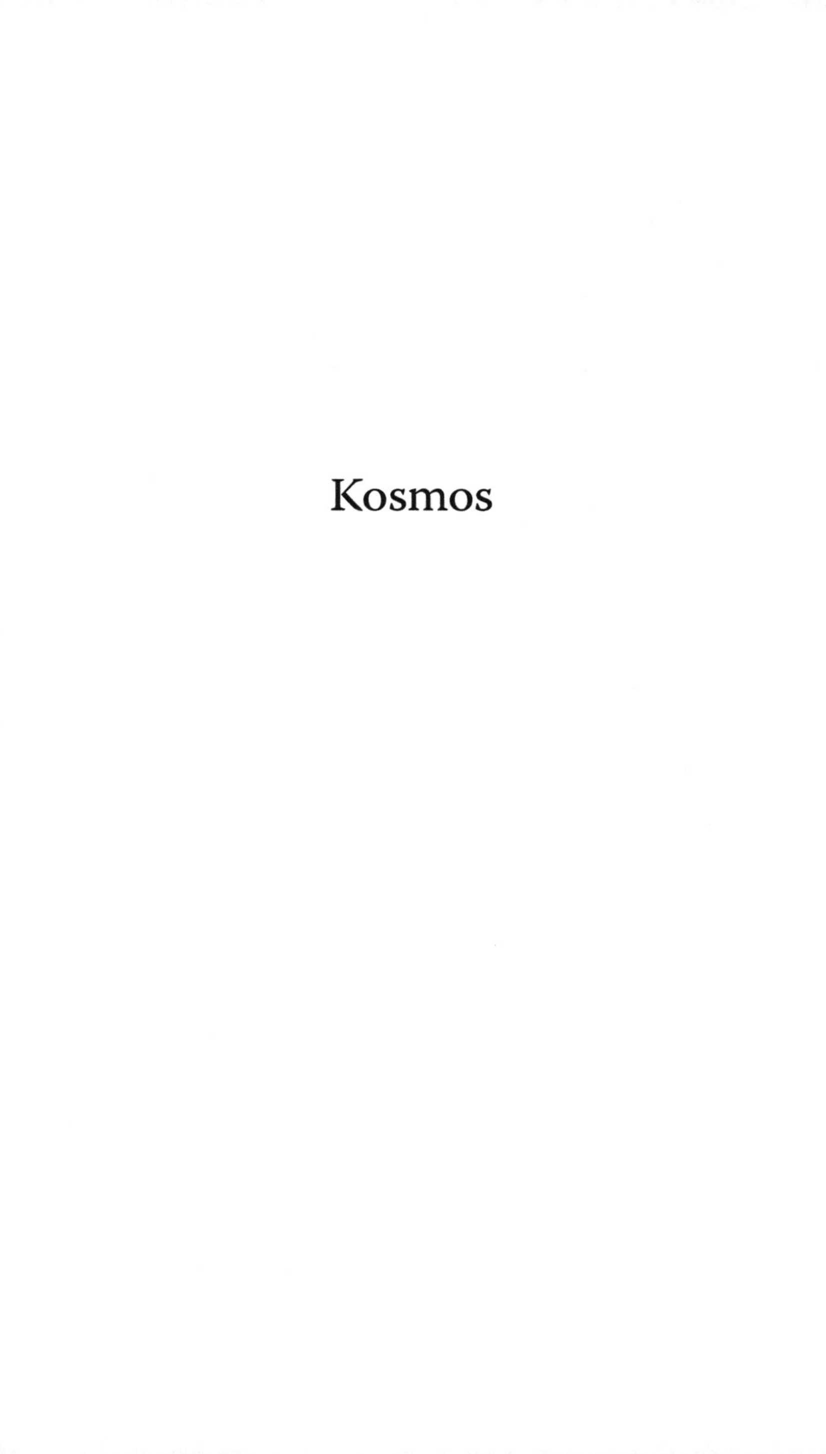

# Kosmos

## *Die Sonne*

(Märkisch Luch, 16.5.2020)

*Begreif es doch, dass meine Kraft*
*In Zukunft ganz aus Deinem Herzen*
*Selbst emporzusteigen hat,*

*Dass ich Dir an dem Firmament*
*Nur Vorbild sein kann für ein Schenken,*
*Das strömt aus reiner Lieb Gedenken.*

*Du wirst nicht anders als die Hirten*
*An SEINER Krippe stehend lenken*
*Bedingungslos Dein Sinnen hin*
*Zum Schöpfer aller Welten.*

## *Hauptstrom der Wirbelsäule*

(Hamburg, 6.5.2017)

*Mit langem Donnerschlag*
*Wächst in mir die Zeit.*
*Der Nachklang hebt mich hoch und weit,*
*Bis dass ich überfließen kann,*
*Zu segnen bin bereit,*
*Ein froher Regen für das Land,*
*Ein fester Gruß durch meine Hand.*

*Immer ist der Weg des Lebens*
*Durch Ewigkeiten neu,*
*Der Schlag der Götter nie vergebens*
*In mir stark und fest und treu.*

## *Was ist die Aufgabe des Polarsterns – allgemein, in mir und hier in der Landschaft?*

(Strodehne, 10.2.2020)

*Mit wem Ihr Umgang pflegt*
*Und wem Ihr Euch verpflichtet fühlt*
*Und was daraus entsteht,*
*Das schreibt sich ein auf Erden.*

*Und wenn Ihr stark einander glaubt*
*Und stets einander segnet,*
*So mach ich Euch vertraut damit,*
*Wie's Himmelsordnung regnet.*

*Was sollen denn die Sterne andres werden,*
*Als Wesen, die einander lieben treu*
*Und warten drauf, dass Du sie neu*
*Auffindest in dem Nächsten hier auf Erden?*

## *Kometen*

(Garz, 7.1.2017)

*Wir sind die Lufthansa des All,*
*Konzertsaal-Touren, Überschall.*
*Ihr fragt: Wie geht denn ihre Flöte*
*Oder: Wie bläst der in sein Horn?*
*Fahrt selbst doch hin zum Probespiel,*
*Orchesterstellen gibt es viel.*

*Wollt Ihr mal später dirigieren,*
*Triumphieren, tirilieren,*
*Euch bringen wir mit Schwung*
*Durch jede Abteilung im Himmel herum,*
*Wir legen uns krumm und tuen das gern*
*Für Nachwuchstalente von Eurem Stern.*

*Von der Pike auf gelernt im Konzern,*
*Der das Loblied singt auf den Herrn.*

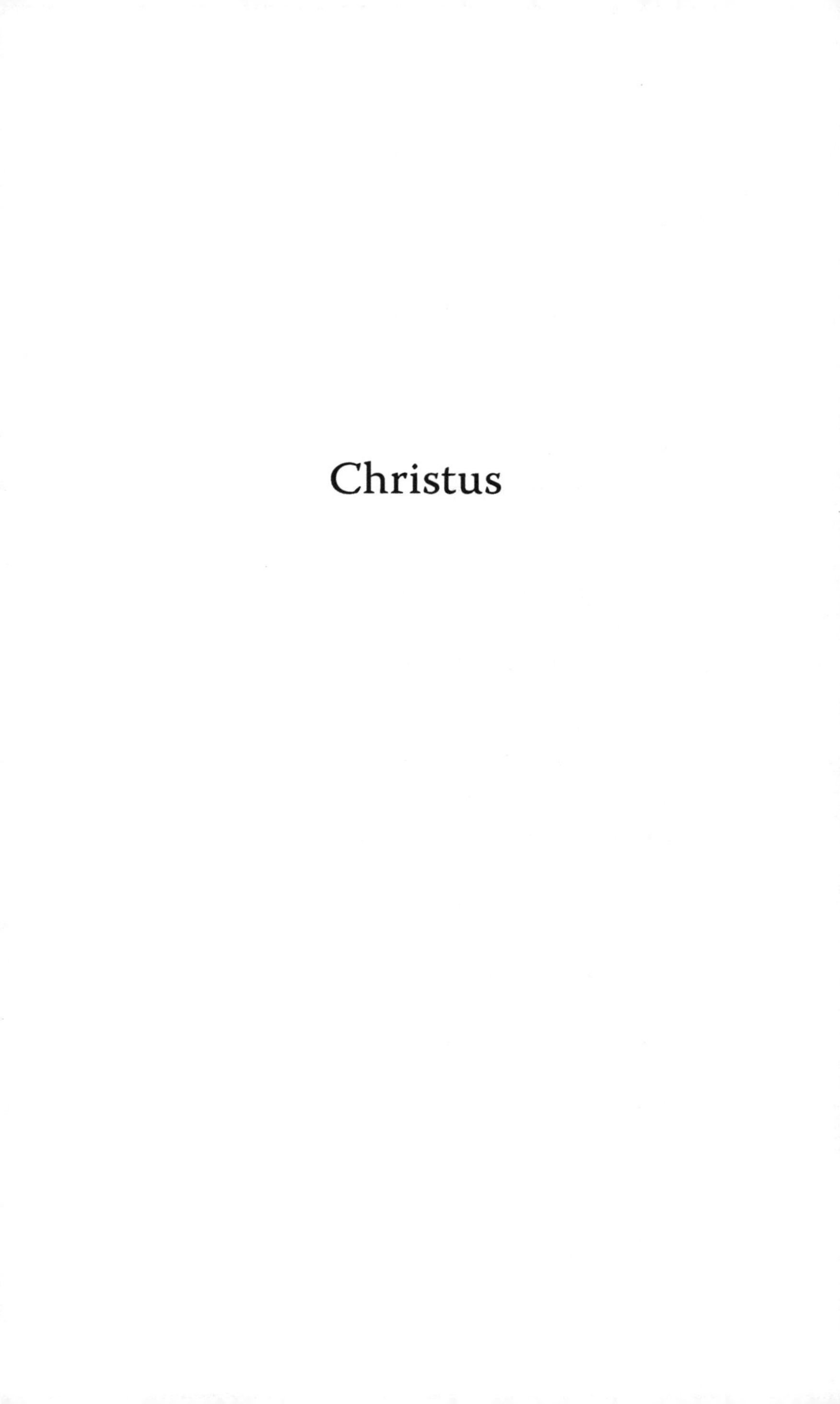

# Christus

## *Blume des Lebens – Blume des Todes*

(Berlin, 16.1.2012)

*Du führst mich in die Einsamkeit,*
*In das Gefängnis meines Denkens,*
*In die unterirdischen Verliese des Todes.*

*Du gibst mir eine Ahnung davon,*
*Was es heißt, durch das Reich des Todes*
*Gegangen zu sein und wie alles*
*Anfing mit dem Tod.*

*Du konfrontierst mich damit, wie erfreulich*
*Lebendig ich bin, wo ich so wenig*
*Den Tod wirklich kenne.*

*Du führst mich in die Tiefe,*
*An die Wurzel des Todes,*
*In sein Reich, seinen Tempel,*
*Zeigst mir seinen Thron, seine Krone.*

*Du weißt von einem Anfang und von einem*
*Ende des Todes*
*Und kannst den Tod des Todes denken*

*Und kennst den Knoten, den Nabel, der sein*
*Reich zusammenhält, kennst Türe,*
*Schlüssel und Schloss aus Licht.*

## *Offene Landschaft bei Langenenslingen und Wilflingen*

(14.4.2018)

*Wenn meine Dornenkrone grünt,*
*Werd' ich mit ihr die Erde krönen.*
*Sie wird bis in die tiefsten Tiefen*
*Atmen wieder, klingen, tönen.*

*Ich werde dann das Erdenrund*
*An meiner Stirn von Neuem bilden*
*Und Allerseelen Sterbestund*
*Vom Buch des Lebens tilgen.*

*Wir werden alle in dem offnen*
*Raum zusammen leben*
*Und als ein neuer Stern*
*Am Tisch des Herrn*
*Was kommen will, bereden.*

## *Corona-Virus*

(Berlin, 2.3.2020)

*Ins Zentrum zu rücken*
*Der einen Debatte*
*Steht hier an:*
*Deine Blutsbrüderschaft*
*Mit der Erde.*

*Dass Du noch froher willst,*
*Was sie will*
*Und ER wollte,*
*Als ER sie gesegnet, gelobt hat*
*Mit SEINEM Blut.*

*Verbinde Dich damit,*
*Lass Dich tief erkraften,*
*Geh hoffnungsvoll voran,*
*Schöpf aus dieser Quelle,*
*Dem höchsten Gut.*

*Lass in Dir wachsen*
*Herzgewissheit*
*Wie einen starken Baum,*
*Wurzelnd im Glauben,*
*Fülle tragend,*
*Voller Mut.*

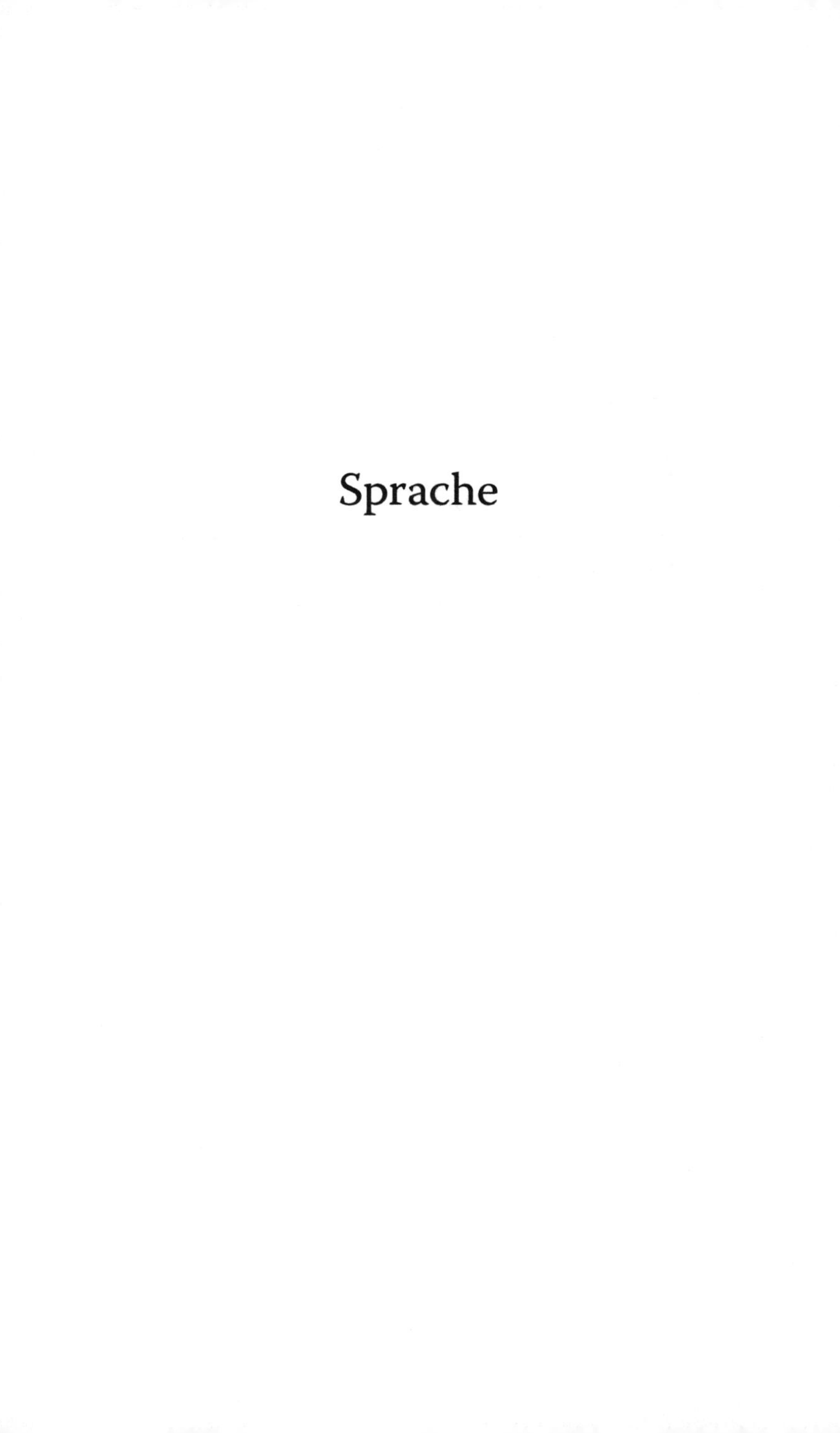

# Sprache

## *Buchstaben-Nudelsuppe, mit freier Energie gekocht*

(Sternwarte auf dem Insulaner in Berlin 5.9.2016)

*Laute essen, Laute trinken.*
*Laute wie Pflaumen pflücken vom Baum.*
*Runde Laute, spiralig gedreht.*

*Züngelnde, sprechende, singende, leuchtende*
*Kobra aus der Stirn,*
*Du kennst die Küchen, die diese Speisen bereiten,*
*Von Algol über Betageuze bis Zentaur.*
*Du hörst den Pulsschlag aus dem*
*Herzen des Universums,*
*Der uns, wie ein Gong, zur Tafel ruft.*

# *Schwarze Göttin des Oberharzes*

(bei Seesen, 11.7.2015)

*Auf diesem Berg*
*Mal ich mit Feuerfeder*
*Die Stufen Deiner Himmelsleiter*
*In den Wind,*
*Die, wie in Katakomben*
*Auch Fächer mit den Resten*
*Deiner Leben sind,*
*Oder, in einer bleichen Kapsel Mohns*
*Schallaustrittsöffnungen*
*Des schwarzen Tons.*

*Was Du an Worten sprichst,*
*Die losen und die festen,*
*Die harten und die zarten,*
*Die bösen und die besten,*
*Ich hör es hier genau*
*Und forme damit,*
*Stein auf Stein,*
*Unweigerlich*
*Den neuen Weltenbau.*

## *Der abgekühlte Basalt sagt zur Erde und zu uns*

(Basaltsteinbruch Langenneubach / Westerwald, 11.6.2016)

*Steinherz der Erde,*
*Schlägst Deine Glockenbahn*
*Weit auf und nieder,*
*Schleuderst uns Deinen Klang*
*Zu den Sternen wieder.*

*Ich hör Dir heute zu,*
*Wie Du die Engel rufst,*
*Und stets aufs Neue treu*
*Nach unsrer Liebe suchst.*

*Du sprichst von Deinem Schmerz*
*Und Sehnsucht nach Genesung*
*Von unsrem rasend Hass und Stolz,*

*Dass wir einst wandeln mild*
*Was in uns wütet wild*
*In die belebend Rede*
*Aus Gottes Ebenbild.*

## *Von Dünsbach aus nach Osteuropa gespürt*

(Dünsbach, 11.11.2017)

*Das Liebeswort der Zukunft schwingt*
*Durch Engelszungen, klingt*
*Durch Erdenschichten, dringt*
*Bis in die tiefsten Hallen*
*Des Planetenkörpers ein.*

*Wir Menschen können nun so tun,*
*Als ob wir es nicht hörten,*
*Als ob es bei der Arbeit störte,*
*Als ob es nicht uns wüsche*
*Von allen Sünden rein.*

*Stark ist es, zart zugleich*
*Und ruft mit seinem Glockenschlag*
*Einander zu vergeben*
*Und lädt in seinen Tempel ein.*

## *Der Laut »T«*

(Arbeitskreis Geomantie Berlin, 16.1.2018)

*Immer, wenn wir noch einmal winken,*
*Bitte ich darum, dass unser Abschied gelinge*
*Und wir die Verbindung zueinander halten –*

*Sei es, dass Du gehst in die Verkörperung,*
*Sei es, dass Du verlässt die Verkörperung,*
*Sei es, dass ich von Dir gehe in die Verkörperung,*
*Sei es, dass ich meinen Leib nun verlasse.*

*Und so, wie wir voneinander scheiden,*
*Um uns wieder zu vereinigen,*
*Und es gelingen möge, dass wir*
*Die Verbindung zueinander halten,*
*So gehen auch die Ideen in die Verkörperung,*
*Und sie kehren zurück aus der Verkörperung*
*In das Reich der Ideen,*
*Mit neuen Erfahrungen, Irrungen, Wirrungen*
*Und Rettungen aus Liebe.*

*Alle, die wir leben als Seelen*
*In einem Herzen, in einem Leib,*
*Seien es Menschen, Tiere, Pflanzen, ein Stein –*
*Wir hoffen, dass einer liebevoll auf uns schaut.*
*Wir sind die Braut, die sich sehnt*
*Nach der Hand des Geliebten.*

*Und wir alle, die wir hoffen, dass Ihr heil*
*Zurückkehrt zu uns aus dem Leib,*
*Wir stehen, Euch zu empfangen, bereit;*
*Treu, da der Tod uns nicht scheidet.*

*So bauen wir den Tempel*
*Von Diesseits und Jenseits.*
*So vertrauen wir, dass die Liebe*
*Der Reisenden und Heimgebliebenen stark ist.*
*So schauen wir, mit erhobener Hand zum Gruß,*
*Auf die, die von uns gehen*
*Und zu uns wiederkehren.*

Bei meditativer Betrachtung der Laute kann man wie tänzerische Grundformen der Höflichkeit und Begegnung erkennen, die überall im Universum gültig sind.

## *Schläft ein Lied in allen Dingen / Die Himmel erzählen die Ehre Gottes*

(Fernmeditation Bosnische Pyramiden,
Arbeitskreis Geomantie Berlin, 22.12.2014)

*Wie ein Winzer mit seiner Kelter*
*Aus der reifen Traube den Saft presst*
*Und ein Melker mit seinen Händen*
*Aus prallem Euter die Milch entlässt,*
*So entriegelst Du jedem Ding seinen Klang,*
*Sei es Ton, sei es Wort, sei es Gesang,*
*Auf dass es dem Schöpfer gern antworten mag,*
*Was in ihm ruht, was es kann,*
*So Deine Liebe stark ist.*

Caroline Wispler

# Eine lebendige Brücke zwischen Natur- und Selbsterkenntnis

## *Gregor Arzts geomantische Gedichte*

Wo immer ein Mensch sich in die Sprache wendet – sprechend, hörend, lesend, denkend oder auch nur sich angesprochen fühlend – er tritt in einen Raum, der ihn mit anderen Menschen und mit der Welt verbindet. Mit jedem Wort, mit jedem Satz wird dieses Umfangende wach und lockt das Bewusstsein ein Stück über sich und aus sich hinaus. Dabei vergisst es über den Inhalten und Beziehungen, die so in den Vordergrund treten, diesen alles ermöglichenden Raum der Sprache im Alltag oft fast vollständig. In poetischer Gestalt allerdings leuchtet er in seiner eigenen Kraft immer neu und überraschend auf.

*Der Himmel an die Erde im Harz*

(Talsperre Neuhaus, 10.8.2013)

Zärtlich wie der Schnee komm ich zu Dir
Lächelnd wie ein Kind träumst Du von mir

Du erwachst, erzählst mir Deinen Traum
Es sprudeln Deine Quellen
Und Knospen regen sich im Baum

Und tief in Dir wächst der Kristall
Zu strahlen Menschenherzenlicht ins All

Wer die Einladung annimmt und in die Welt dieser drei Verspaare eintritt und in ihnen verweilt, erlebt die Öffnung eines innigen Beziehungsraums, in dem zwei Wesen immer tiefer miteinander verbunden sind – in Wachheit und Traum, Berührung und lebendigem Antworten, gegenwärtig zugewandtem Erleben und Ahnung fernster zukünftiger Entwicklung. Das alles in natürlicher Lieblichkeit und Reinheit, jedes Wort verständlich und erlebnisnah, sinnlich und sinnhaft erfüllt. Wie in sprachlicher Form losgelöst scheint das Rätsel echter Intimität, liebevoller verwandelnder Begegnung, sich selber auszusprechen: durch die Natur, im Gespräch zwischen Himmel und Erde, und im Aufklingen der individuellen Erfahrungen und Erinnerungen eines jeden Menschen (es beginnt mit dem Wort »zärtlich« und endet mit »All«). Dazu gehört, dass der Autor einen realen Ort und Zeitpunkt angibt, an dem er selber in dieses Gespräch so hörend einbezogen war, dass er als »Mitsprechender« dessen Sinn und Bedeutung für das Menschenbewusstsein »vermitteln« kann.

Etwas »Ganzes« teilt sich dem Menschen mit, welcher die Worte, die Bilder, die Botschaft frei genug »hörend« aufnimmt – d.h. sie weder auf ihren inhaltlich erzählerischen Zusammenhang reduziert, noch nur ihre poetische Schönheit genießt.

Durch all das hindurch wird eine persönlich-überpersönliche Totalität von punktueller Begegnung und allumfassendem Werden spürbar, durch die Himmel, Erde und Mensch einen sich gegenseitig tragenden und erhellenden Sinnzusammenhang bilden.

Was ist das für eine Sprache, die das im 21. Jahrhundert in sechs Zeilen zu »realer Gegenwart« (so der Titel eines Buches von George Steiner) zu bringen vermag?

*Persephone*

(Im Ried / Altrhein bei Rastatt, 22.3.2014)

In meinem Reich der Schatten
Näh ich mit schwarzem Zwirn
Die Fäden stammen aus der Höhe
Von Deinem Nachtgestirn.

Die Fäden führen in die Weite
Von Deines Lebens Sinn
Und führen Dich durch tiefes Schweigen
Zu Deinem Ursprung hin

Dort warte ich auf Dich schon immer
Ich bin Dein Leben und Dein Tod
Und fühl von innen Deine Stimme
In meiner Tiefe wie ein Lot

Unmittelbar fühlt sich, wer das liest, als Mensch aus einem nächtlichen Bereich angesprochen, von wo aus die Lebensfäden aus Tiefen zu Höhen des Himmels, in die Weiten außen und zu den Quellkräften im Innern leiten und im Ursprung aus ihren Einzelrichtungen und Bezügen durch »Nähen« zusammengehalten werden. Wieder leuchtet eine Ganzheit auf, eine bewegte Zusammengehörigkeit von Leben, Schicksal, Erdenort, Himmelsbezug und Bewusstseinserwachen. Und niemand wird dieses Gedicht aufmerksam lesen, ohne in sich selber den »Ruck« mitzuvollziehen, der durch die letzte Strophe geht, wenn plötzlich aus dem schwingend bewegten Bild im letzten Reimwort die Senkrechte auch die Lesenden selbst mit aller Schärfe durchdringt und voll einbezieht in das versammelnde Ereignis.

Wer spricht da? »Persephone« – die vielschichtige Göttin der griechischen Mythologie, die es mit den tiefen Wandlungskräften der Natur zu tun hat? Sie sagt durch das Gedicht selber, wer sie hier und jetzt ist und was sie mit dem Menschen zu tun hat, am 22. März 2014 im Altrhein Ried bei Rastatt. Sie weckt ihn zum Bewusstsein seiner Weltverwobenheit, tiefer als alles Tagesbewusstsein und über Leben und Tod hinaus. Er erfährt, dass die Welt aus einem Innenraum spricht, in dem die Stimmigkeit seines Lebens gehört wird. – Dem erlebenden Menschen begegnet durch das Wort nicht nur ein realer Partner in der Natur, sondern ein hoher Lehrer, eine hohe Lehrerin.

Selbstverständlich – auch ohne diese individuell-mitvollziehende Wirklichkeitserfahrung – ist das bewegende Bild poetisch schön und gedanklich tief anregend.

Aber die Rezeption bliebe dann rein innermenschlich, nur im subjektiven Bewusstsein. Auch die Welt bliebe als Sinnes- und Stimmungsträger unerlässlich – aber als realer Partner, gar als Wirklichkeitsgarant »undenkbar« – wie es seit Kant und überhaupt im modernen Bewusstsein immer tiefer verankert ist.

Die Sprache dieser Gedichte rührt andererseits in ihrer Einfachheit, Direktheit des Ansprechens, der Tiefe und inneren Sicherheit ihrer Mitteilungen an ein Rätsel, das auch nicht durch einen einfachen Glaubenssprung gelöst werden kann in ein schlichtes Für-real-Nehmen – was doch innerlich, geistig Gehörtes, nicht sinnliches Bild ist und dessen Erscheinung künstlerisch gestaltetes, »übersetztes« Wortgebilde ist. Offensichtlich geht es um eine neue Offenheit, ein Sich-bewegen-lassen-Können vom Wort – und im Wort vom Schaffenden und Werdenden in der Welt selber; eine Betreffbarkeit, die den Menschen und die Welt aus ihrer gegenseitigen Abkapselung bis in die zartesten Regungen ihres Eigenlebens füreinander aufschließt. Der Sprache wird dabei ihre schöpferische Kraft wieder zugestanden – sie ist nicht in erster Linie mitteilend, sondern aus innerer Fülle wirkend.

Taucht ein Mensch in die Gedichte ein – wird also selber zuhörender Teil des Gespräches –, wird einen die tiefe, bedingungslose, immer liebevolle Zugewandtheit der Weltwesen zum Menschen in der Ganzheit eines spürbar Gott-gewollten, Christus-durchlebten und nach Geist-Erhellung und -Erhebung strebenden Zusammenhangs berühren und wecken. In jeder der Begegnungen mit einem Ort und den mit ihm verbundenen Schicksalen sprechen sich die unterschiedlichsten Wesen dem Menschen gegenüber aus und offenbaren die ganze Fülle der Gefühlsmusik, die das verbindende Leben von Natur und Menschenseele ausmachen: freudigstes Empfangen, tiefes Leid der Entfremdung, unendliche Hoffnungen, einladendes Zusammenklingen, verzeihendes Erwarten, weisheitsvoll warmes Verständnis, heiter humorvolles Locken und weckendes Rütteln etc. – immer dem fernenahen Ziel eines neuen Einklanges von Welt und Mensch verbunden. Und offensichtlich weiser und kenntnisreicher in Bezug auf Wege und Notwendigkeiten, diesem Ziel zu dienen.

Aus dieser großen Vielfalt klingen einige Gedichte heraus, die eine deutlichere Ahnung vom Sinn des gemeinsamen Prozesses vermitteln – wie sich überhaupt Schichten und Stufen begrenzterer oder geistig weiträumigerer Wesen und Dimensionen offenbaren.

## *Was geschieht in dem Haupt-Energiekanal unseres Leibes, der Wirbelsäule? Wie werden Beziehungen zwischen Wesen auf der ätherischen Ebene vermittelt?*

(Strodehne, 19.12.2015)

Die Himmel erzählen die Ehre Gottes
Und die Feste verkündigt seiner Hände Werk
Ein Tag sagt's dem andern
Und eine Nacht tut's kund der andern
Ohne Sprache und ohne Worte
Unhörbar ist ihre Stimme
Ihre Schnur geht aus in alle Lande
Und ihre Rede bis an die Enden der Welt
(Psalm 19)

Wenn Du bereit bist, deine Herzensmilch
Ganz und gar, immer und immer wieder zu geben,
Beide Brüste vereinigt zu einem Strom,
Und du wirst dabei nicht müde,
Die Schöpfung zu loben als den Leib von Gottes Sohn,
Dann lebt in dir, was an einem stillen Sommertag
Die Fülle und Zartheit in den Kronen
und dunklen Gründen eines Waldes erschafft
Und was mit den allerregsamsten Händen
Den Strom deines Herzens drehet und wendet,
Bis er sich mitten hinein zu artikulieren vollendet
In das Wort von dem göttlichen Thron –

Dann ist, dem Leben die Bahn zu brechen, der
Göttliche Lohn.

Da geht es im weitesten Sinne um das Wesen der Sprache selber – dieses umfassenden, immer werdenden Lebensraumes von Mensch und Welt und Geist – den Logos.

Zunächst spricht der Psalmist, David, seinen hymnischen Lobpreis aller Geschöpfe der Welt auf ihren Schöpfer – den sie durch ihr Sein leben, ohne selber Worte zu haben. David ist es, der ihr Gott preisendes Leben zur Sprache bringt: Das schaffende Weltenwort tönt wie ungebrochen durch sein Verstummen im Weltwerden in der Menschensprache Davids auf.

Der dann folgende Text klingt wie eine Metamorphose nach 3000 Jahren der immer tieferen Entfremdung des Menschen von der Schöpfung – dieses Mal aber dem Menschen von den Weltenkräften selber zugesprochen: unter welchen Bedingungen heute der wiedererwachende Mensch den Rückbezug zu dem lebendig Schaffenden finden kann. Überlässt man sich dem strömenden Sog des einen Satzes, der den ganzen Text bildet, spürt man im denkenden Mitvollzug den »wendenden Punkt«: wie aus der innigsten Herzenshingabe an die Schöpfung sich ein gemeinsamer Raum auftut, in dessen Offenheit sich jenes »Wort« gebiert, das die Welt wieder zum Ort göttlicher Anwesenheit macht – zum »Göttlichen Thron«.

»Dem Leben die Bahn zu brechen« hieße dann wohl, überhaupt jene Wortsphäre neu zu erringen, in der die weltschaffenden Kräfte mit den reinsten Erkenntniskräften des Menschen zusammenklingen und das Leben auf der Erde aus diesem Wahrgrund wieder durchdringen. In einem andern Gedicht heißt es am Schluss:

»Und ihr [Menschen] öffnet das Buch des Lebens
Und ihr schreibt es von Neuem
Von seiner Mitte bis an den Rand.«

*Gregor Arzt*, geboren 1963 in Essen, promovierte in Literatur- und Musikwissenschaft. Von 1997 bis 2001 studierte er unter anderem bei Marko Pogačnik Geomantie und Radiästhesie. Seit 2010 leitete er eine dreijährige berufsbegleitende Ausbildung »Spirituelle Erdwissenschaften« mit Gruppen in allen Regionen Deutschlands und war an etwa 40 Wochenenden im Jahr im Rahmen seiner Vortragstätigkeit in ganz Europa unterwegs. Bis zu seinem Tod am 17.10.2022 lebte Gregor Arzt auf dem Undinenhof im westlichen Havelland.

Zeitfracht Medien GmbH
Ferdinand-Jühlke-Straße 7,
99095 - DE, Erfurt
produktsicherheit@zeitfracht.de

Druck:
CPI Druckdienstleistungen GmbH
im Auftrag der
Zeitfracht Medien GmbH
Ein Unternehmen der Zeitfracht - Gruppe
Ferdinand-Jühlke-Str. 7
99095 Erfurt